大象心理館

鄭石岩作品集

親職與教育 5

大眾心理館
鄭石岩作品集 親職與教育 5
教師的大愛
發揮有能力的愛，做學子們的貴人

作者——鄭石岩
執行主編——林淑慎
特約編輯——楊　菁
美術設計——唐壽南
發行人——王榮文
出版發行——遠流出版事業股份有限公司
100臺北市南昌路二段81號6樓
郵撥／0189456-1
電話／2392-6899　傳真／2392-6658
法律顧問——董安丹律師
著作權顧問——蕭雄淋律師
□2007年 5 月16日　二版一刷
□2013年 3 月 1 日　二版三刷
行政院新聞局局版臺業字第1295號
售價新台幣240元（缺頁或破損的書，請寄回更換）

ISBN 978-957-32-6050-9

ylib 遠流博識網
http://www.ylib.com　E-mail: ylib@ylib.com

教師的大愛

發揮有能力的愛，做學子們的貴人

鄭石岩／著

總序

我的創作歷程

鄭石岩

寫作是我生涯中的一個枝椏，隨緣長出的根芽，卻開出許多花朵，結成一串累累的果子。

我寫作的著眼點，是想透過理論與實務的結合，闡釋現代人生活適應之道，提倡正確的教育觀念和方法，幫助每個人心智成長。透過東西文化的融合，尋找美好人生的線索。我細心的觀察、體驗和研究，繼而流露於筆端，寫出這些作品。書中有隨緣觀察的心得，有實務經驗的發現，有理論的引用，也有對現實生活的回應。在忙碌的工作和生活中，我採取細水長流，每天做一點，積少成多。

從第一本作品出版到現在，已經寫了四十幾本書。這些書都與禪佛學、教育、親職、心靈、諮商與輔導有關。寫作題材從艱深的禪學、唯識及心靈課題，到日常生活的調適和心智成長，都保持深入淺出、人人能懂的風格。艱澀冗長的理論不易被理解，特化作活潑實用的知識，使讀者在閱讀時，容易共鳴、領會、受用。因此，這些書都有不錯的評價和讀者的喜愛。

每當演講或學術討論會後，或在機場、車站等公共場所時，總是有讀者朋友向我招呼，表達受惠於這些著作。他們告訴我「你的書陪伴我度過人生最困難的歲月」，或說「我是讀你的書長大茁壯的」。身為一個作者，最大的感和安慰，就在這些真誠的回應上：歡喜看到這些書在國內外及中國大陸，對現代人心靈生活的提升，發揮了影響力。

多年來持續寫作的心願，是為研究、發現及傳遞現代人生活與工作適應的知識和智慧。所以當遠流規劃在【大眾心理館】裡開闢【鄭石岩作品集】，期望能更有效服務讀者的需要，並囑我寫序時，心中真有無比的喜悅。

我在三十九歲之前，從來沒有想過要筆耕寫作。除了學術論文發表之外，沒想過要從事創作。一九八三年的一場登山意外，不慎跌落山谷，脊椎嚴重受創，下半身麻痺，面臨殘障不良於行的危機。那時病假治傷，不能上班，不多久，情緒掉到谷底，憂鬱沮喪化作滿面愁容。

秀真一直非常耐心地陪伴我，聽我傾訴憂慮和不安。有一天傍晚，她以佛門同修的立場警惕我說：「先生！你學的是心理諮商，從小就修持佛法；你懂得如何助人，也常常在各地演講。現在自己碰到難題，卻用不出來。看來你能講給別人聽，自己卻不受用。」

我聽完她的警語，心中有些慚愧，也有些省悟。我默然沉思良久。我知道必須接納現實，去面對眼前的困境。當晚九時許，我對秀真說：「我已了然於心，即使未來不良於行，也要坐在輪椅上，繼續我的教育和弘化工作，活得開心，活得有意義才行。」

她好奇的問道：「那就太好了！你準備怎麼做呢？」

我堅定的回答：「我決心寫作，就從現在開始。請你為我取下參閱的書籍，準備需要的紙筆，以及一塊家裡現成的棋盤作墊板。」

當天短短的對話，卻從無助絕望的困境，看到新的意義和希望。我期許自己，把東方的禪佛學和西方的心理學結合起來，變成生活的智慧；鼓勵自己，把學過的理論和累積的實務經驗融合在一起，成為活潑實用的生活新知，分享給廣大的讀者。

邊研究邊寫作，邊修持邊療傷，健康慢慢有了轉機，能回復上班工作。歷經兩年的煎熬，傷勢大部分康復，寫作卻成為業餘的愛好。從一九八五年出版第一本書開始，所有著作都經秀真校對，並給予許多建議和指教。有她的支持，一起分享作品的內容，而使寫作變得更有趣。

住院治療期間，老友王榮文先生，遠流出版公司的董事長，到醫院探視。我送給他一本佛學的演講稿，本意是希望他也能學佛，沒想到過了幾天，他卻到醫院告訴我：「我要出版這本書。」

我驚訝地說：「那是佛學講義，你把講義當書來出，屆時賣不出去，你會虧本的。這樣我心不安，不行的。」

他說：「那麼就請你把它寫成大家喜歡讀的書，反正我要出版。」

就這樣允諾稿約，經過修改增補，《清心與自在》於焉出版，而且很快暢銷起來。因為那是第一本融合佛學與心理學的創作，受到好評殊多。爾後的每一本書，都針對一個現實的主題，紮根在心理、佛學和教育的學術領域，活化應用於現實生活。

禪佛學自一九八五年開始，在學術界和企業界，逐漸蔚成風氣，形成管理心理學的一部分，企業界更提倡禪式管理、禪的個人修持，都與這一系列的書籍出版有關。

後來我將關注焦點轉移到教育和親職，相關作品提醒為師為親者應注意到心理健康、學生輔導、情緒教育等，對教育界也產生廣泛的影響。教師的愛被視為是一種能力，親職技巧受到更多重視，我的書符合了大家的需要，並受到肯定，例如《覺・教導的智慧》一書就獲頒行政院新聞局金鼎獎。

在實務工作中，我發現心靈成長和勵志的知識，對每一個人都非常重要。於是我著手寫了好幾本這方面的作品，許多家長把這些書帶進家庭，促進親子間的和諧，並幫助年輕人心智成長；許多大學生和初踏進社會的新鮮人，都是這些書的讀者。許多民間團體和讀書會，也推薦閱讀這些作品。

唯識學是佛學中的心理學，我發現它是華人社會中很好的諮商心理學。不過原典艱澀難懂，於是我著手整理和解釋，融會心理學的知識，變成一套唯識心理學系列。此外，禪與諮商輔導亦有密切的關係，我把它整理為禪式諮商，兼具理論基礎和實用價值，對於現代人的憂鬱、焦慮和暴力，有良好的對治效果。目前禪與唯識，在心理諮商與輔導的應用面，不只台灣和大陸在蓬勃發展，全世界華人社會也用得普遍。每年我要在國內外，作許多場次的研習和演講，正是這個趨勢的寫照。

二十年來我在寫作上的靈感和素材源源不絕，是因為關心現代人生活的適應問題和心理健康。我從事心理諮商的研究和實務工作超過三十年，個案從兒童青少年到青壯年及老年都有；類別包括心理調適、生涯、婚姻諮商等，我也參與臨終諮商及安寧病房的推工作。對於人類心靈生活的興趣，源自個人的關心；當我晤談的個案越多，對心理和心靈的調適，領會也越深。

我的生涯歷練相當豐富。年少時家境窮困，為了謀生而打工務農，當過建築工、水果販、小批發商、大批發商。經濟能力稍好，才有機會念大學。後來我當過中學老師，在大學任教多年，擔任過簡任公務員，也負責主管全國各級學校訓輔工作多年，實務上有許多的磨練。

我很感恩母親，從小鼓勵我上進，教我去做生意營生。她在我七歲時，就帶我入佛門學佛，讓我有機會接觸佛法，接近諸山長老和高僧，打下良好的佛學根柢。我也很感恩許多長輩，給我機會參與國家科技推工作長達十餘年，從而了解社會、經濟、文化和心理特質，是個人心靈生活的關鍵因素。如果我觀察個案的眼光稍稍開闊一些，助人的技巧稍微靈活一點，都是因為這些歷練所賜。在寫作時，每一本書的視野，也變得寬博和活潑實用。

現在我已過耳順之年，但還是對於二十餘年前受重傷所發的心願，珍惜和努力不已。希望在有生之年，還有更多精神力從事這方面的研究和寫作。寫作、助人及以書度人，是我生命意義中很重要的一部分，我會法喜充滿地繼續工作下去。

教師的大愛

目錄

新版序

變遷社會中教師的角色

在傳統的社會裡，經濟、政治、文化和生活方式變化不大，資訊傳播緩慢，行業變動較少，人們所需要的技術、知識和能力亦不多。因此，教師所承擔的傳道、授業和解惑的責任，主要在傳授既有的倫理、知識、經驗和文化素材，再收集為數不多的社會創新，就足以傳授學生新知了。因此，傳統社會的教師以教書為主，輔導待人接物為輔。

但在今天這個資訊化的社會，由於生產技術不斷創新，產品和市場不斷消長，每個人都必須不斷學習新知和技術。復因經濟生活方式帶動社會的解組和重構，生涯不再是平靜的樣態，而是不斷重新洗牌，因此人們必須適應不斷轉業或創業的挑戰，其所需要的知識、能力和心理調適機能，都必須要比以前的世代強才行。於是教育重視培養創造力、主動學習、解決問題的能力、人際關係與合作，以及國際觀等能力。

此外，由於追求效率和競爭，生活和工作變得緊張焦慮，於是情緒教育便成為新的焦點。其次，網路視訊發達，孩子們一頭栽進其中，於是運動減少，飲食又失衡，體適能下降也成為新的問題。復因我們的社會過度強調升學和擁有高學歷，因此升學競爭的壓力，造成生活教育和品德教育的疏忽，於是大家又呼籲生活體驗與品德教育的重要性。

教師在面對這樣快速複雜的社會變遷，應該要如何施展其教育愛，來育成下一代，便成為教育上重要的議題。經過一番研究觀察，我在修訂版《教師的大愛》中增加了一個新的議題「師愛與教育變遷」，其內容約為全書的五分之一，對於教師如何適應社會變遷，做了詳細的論述。呼應內容的增列，序言中我想先談談變遷社會中教師的角色，作為全書的導引。我認為現代教師的角色包括：

1.主動的學習者

教師為有效引導學生成為主動的學習者，必須身先士卒，做學生的典範，展現主動學習的身教。教師應該廣泛閱讀，在教學之中表現出廣博的知識；要多方面參觀，舉凡農漁業、高科技業或重要建設，都值得組團參觀，增加視野，厚植教學的深度和廣度，並與現實結合。

教師所具備的知識和見識越廣博，學生對他的認同就越深，接受教導的意願也越強。更何況豐富的知識和見識，能引導學生發展興趣，幫助其開展多方面的知能。

心理學有不少研究指出，一個人的成就與在學成績並沒有太大的關聯，倒是主動學習的人，把自己的時間和精力放在所做的事業上，不斷的研究和努力，因而獲得成功。教師引導學生成為主動的學習者，對學生的未來前途，有決定性的幫助；此外，主動學習的教師，對於教學工作也較能勝任。

2.情緒的陶冶者

我們的社會憂鬱症人口不斷增加，高中職的青少年約有百分之七到十一的人，表現出憂鬱症狀，至於情緒上有憂鬱特質的人，則高達百分之三十。憂鬱症者無法適應緊張、競爭和快速變遷的社會，嚴重時則會出現失能的現象，也就是說，患者會無法工作和不能正常生活。憂鬱症的發生有許多原因，但最重要的因素是習得的無助，它的核心問題是悲觀的思考模式。心理學研究指出：樂觀的父母和教師，教出樂觀的孩子；悲觀的親師，教出悲觀憂鬱的孩子。

因此，教師在教學時，要表現樂觀的思考模式，陶冶孩子對未來的預期，抱著希望；指導孩子遇到挫折時，不要陷入悲觀的思考。教導的關鍵是設法解決問題，而不是無助的悲傷和沮喪。此外，教師對憤怒、性急、緊張、焦慮和厭倦等負面情緒的處理，也要做正確的表率。

3.思考的啟發者

知識和資訊固然重要，但解決問題的能力更為重要。無論哪一種智能的學習，都要重視思考，而教師必然要扮演思考的啓發者的角色。

思考的啓發要重視它的歷程，尤其是明朗化經驗的提供，透過引導學生的好奇、觀察、歸納和推論，進行試驗和求證，從而得到興趣、方法和滿足。

思考的啓發要借重小組動力或合作學習，指導學生做團隊學習，這對於學生未來在職場上的適應，有關鍵性的助益。合作學習可以增加學生多方面的能力和創意，並從中學到人際關係、合作態度、思考方式和腦力激盪。

4.生活的教導者

生活的基本知能，特別是資訊化社會中實際有用的生活本事，要透過指導、耳提面命，傳達給學生。生活需要一套好的紀律，而且要把它培養成習慣。我相信好的生活習慣，會帶來健康和效能；好的人際習慣，會帶來健全的人際網絡，而有益健康，有助於創造善緣和機會。

健康的心理需要一套有效的紀律，那就是延緩報償和耐性、負起責任、面對真實和求取平衡。良好的生活則建立在自我控制上，能控制時間、控制金錢和控制情緒的人，往往就是生活的贏家；反之，自我控制失靈的人，則會陷入網路成迷、卡奴、吸毒或縱慾無度的境地，造成生活困境。

教師要促請家長做生活紀律的培養，否則孩子無法適應複雜的現代社會。生活的教導一旦被疏忽，學生就會缺乏生活的基本章法，造成生活上的挫敗。

5.生命的珍愛者

每一個學生都是一個寶貴的生命，都具有很大的潛能，教師要珍惜每一個學生，啓發他們的智慧，培養其健康的身心，給他們愛和鼓勵，帶領他們走向光明的人生。

教師要重視生命教育，教導他們愛惜生命，引導他們成長茁壯，並啟發其生命的意義。學生要學會自愛，但同樣也要學習愛人，從敬愛父母親長，到對社會的關懷和行動，諸如社區服務、救助弱勢族群等。師長能教導孩子發展大愛的精神，我們的社會才有希望，個人的生命才會變得豐富而有意義。

在變遷快速的資訊化社會，教師責無旁貸，必須扮演這幾個角色特質，才能發展師愛的影響力，把孩子帶上成功的人生坦途。

教師的愛表現在每一次的教導，出現在每一個學生的眼前，他是學生的貴人。大部分的人對於自己所領受的師愛，都會永遠緬懷。他們的回憶是：我的學識或品德，是老師為我打下的基礎；老師一句勉勵的話，帶給我上進的力量；老師的治學態度令我敬佩，因而向他學習。但我也聽過一些悲嘆的回憶，因為老師創傷了他的自尊或心靈。

我們期待每一位教師都具備有能力的愛，都能當學生一生的貴人，指引學生走向成功和幸福。這本書就是為這個意義而寫的。

原序

點燃心燈，師愛無限

愛是人類精神成長的沃土。我們的生命來自愛，成長也來自愛；當我們在愛人時，覺得生命力量是活潑豐沛的，在被愛時則覺得無比溫馨與幸福。

在家庭和學校裡，愛幾乎是教育的全部教材。有了愛，環境再困苦，孩子還是會健全的成長；失去愛，即使是富裕的境遇，幼小的心靈仍不免枯萎。所以我說愛就是教育的力量，也是文化大樹的主幹。

今天的教育呈現出許多問題，那是因為我們沒有真正去愛，或者我們的愛出了問題。我認為愛是一種能力，而不是一種欲望和佔有。能力使一個人能給予孩子成長的指導和關心，願意負起責任去做正確的教導。欲望是一種佔有的表現，只希望孩子的成長迎合自己的意思；無能的愛往往與野心或貪婪結合，它表現於需索和要求，而不是照顧和啓發。

野心所衍生的愛只求好的結果，不管孩子成長的過程，不顧孩子的本質，不問為什麼他失敗，只是一味的苛責、處罰，甚至是凌辱。有能力的愛是人格世界中，靠著心靈的開放，與孩子同理，一起從生活中互相關懷、互相支持，從而獲得心智成長。

教育在於點燃孩子的心燈，教師的愛就是火把和光亮；如果教師心中的火焰熄滅了，就燃不亮孩子心靈世界的光明。

教育研究者必須心存愛，其所研究的結果，才能符合孩子成長的需要，否則所做研究也只不過是資料的堆砌，對於教育並無實益。教育行政人員如果沒有愛，那麼他所辦的是行政和學校，而不是對孩子有益的教育。

今天的教育最缺乏的是愛，而不是設備和資源。我屢次在教師研討會中徵詢校長和教師的意見，「你認為學校裡稱職的教師，能夠把孩子教好，有愛心、有責任的教師有幾成？」他們告訴我說七成，有的人說五成，大部分的人說約有六成。

為什麼會不稱職呢？當然是愛心的問題。我不能說教師沒有愛心，而是說教師所給予孩子的愛不屬於有能力的愛。沒有能力的愛不能令對方得到溫暖和啓發，不能引起孩子主動自發和走向自我實現的回應。

這幾年來，青少年犯罪率上升，師生衝突的個案時有所聞，中途輟學的學生也不斷增加，而就心理衛生指標方面來看，青少年自我傷害、吸毒、拒學等行為，亦值得關心。我深知拯救這些現象的唯一寄望是教師，他們願意學習，讓自己給孩子的愛比以前更豐富、更有能力，那麼我們的社會就有了希望。

我觀察許多學校，和許多教師交談，並把許多感人的發現寫在這本書裡，希望和每一位教師分享。這本書只提出三個問題，其一是教師愛的實現，其二是從優點中發現學生的自我，其三是支持並培養孩子的豪氣。我認為只要能把握這三項，就能使教師愛活化起來。

本書是為教師而寫，同時也為父母而寫。就教育而言，教師和父母的愛沒什麼本質上的差異，有能力的愛必能培養人格健全的孩子。

近年來，暴力的書籍、漫畫、電影和電動玩具，提供許多怪力亂神的虛妄故事，因此在孩子的觀念中，輸入的暴力越多，越不好管教，吸收的敵意越強，人性面就越受扭曲。我們要多提供生活中的愛來補足其疏離的現象，而這本書能給你一些基本實用的建議。

這本書有些是我自己教育孩子的體驗，有些是自我成長的反省，而大部分的素材是心理諮商的經驗，以及在教育工作中的觀察。我把它整理成書，希望對教師和父母都能有所幫助。

1 師愛與教育變遷

教師是推動社會進步的推手，有能力的愛是動力的來源。在這個社會變遷快速的資訊時代，有能力的師愛，才能勝任艱鉅的教育責任。

教育推動了社會的進步，也帶來社會的變遷。這時教育如果不能適應變遷，做新的回應和創造，各方面的發展就會停滯，甚至動盪不安。有能力的師愛，就是能在社會快速變遷中，把握教導的要領，成功教育下一代的關鍵因素。

教師的職能，不能自我局限在教書或狹隘的教學上，而是要具備愛的熱忱、豐富的知識、對現實社會與生活的了解，以專業的素養，教導每個學生成材。因此，教師必須能放眼時代的趨勢，學習教導的新知，盱衡教育變遷的需要，對學生做適當的教導、啟發和管教。

在資訊化時代裡，生產的方式和產品快速更新，市場和消費行為跟著改變，因此職場上變遷非常迅速，如果一個人缺乏主動學習和彈性思考，將來很容易失業。現代人生活壓力大，工作競爭激烈，社會適應不易，很容易情緒失調，造成嚴重的困擾。在這自由開放的社會裡，多元價值的困惑，使生命的意義變得模糊或沮喪，因此教師在學校裡必須扮演多重的角色，包括：主動學習的示範者、情緒的陶冶者、思考的啟發者、生活的教導者和生命的熱愛者，能做好這些角色，就是愛的給予。

師愛不只是教導學生自我實現，走向光明的前途，還要關心整個社會性格，因為社會是個人的集合，而個人又要接受社會的制約，因此教師的愛不是只及於個人，同時必須關心整個社會性格的塑造。幫助學生社會化，指引學生待人接物的態度，學習人際關係能力等，這又是變遷社會中，重要的教育課題。

在此我要呼籲的是，我們已立法通過禁止體罰了。教師當然會遵守法律，雖然這個新改變會讓部分教師一時感到不知所措，但我相信有能力的師愛，會讓老師很快學習新的輔導和管教方法。

教育是我們運用愛與智慧，回應社會變遷的過程；教育的目的不是教育的形式，而是透過師愛培養有能力的下一代，去締造成功的人生和健全的社會。

變遷社會中的師愛

教師的職責在於幫助學生發展主動學習，陶冶健康的情緒，啟發其思考和創意，涵養其品格和對人生的正確態度。於是師愛即是要幫助學生自我實現，及學習適應快速變遷的社會。教師在面對學生時，必須了解，每一個人都是唯一的、獨特的，具有他自己特有的天賦、潛能和本質，具備特有的興趣和資賦。教師的任務是協助學生依自己的種種屬性和條件成長，發展他的心智能力，適應快速變遷的資訊社會，開展其幸福的人生。因此，教師在以下幾個向度上，必須展現其有能力的愛。

引導學生開展成功人生

學校裡每一個學生彼此都不相同，把甲的成長歷程，硬套在乙的身上，是教導上的錯誤。然而，這種情況卻極為普遍，以致許多學生的潛能得不到應有的發展。因此教師亟需注意個別輔導，協助孩子找回他的信心；讓他和自己的本質統整，從而孕育自信，開展潛能，能體驗自我接納和實現的喜悅，才能走出幸福的人生路。

在自由開放的社會裡，林林總總的行業和自由創造的環境，提供一群天賦不同的人運用自己的才華，展現有用的人生。就社會整體而言，不同的個人各自得到發展是一種生態平衡；就個人而言，是一種自我實現和成就感。這能使每個人意識到社會需要他，他能成為有用、有價值、能自我接受的人。所以，人注定要活出自己的本色，否則就不免壓抑自己，在生活上產生困擾。

教師應是幫助個人自我實現，讓學生認識到「我之所以為我是好的，你之所以為你也是好的」這個基本觀念，使一個人願意朝自己的本質去成長，去過成功的生活，不再想把自己變成別人，拿自己和別人比較，而壓抑了自己的天賦。

今天的教育，有三種因素強烈干擾個人的統整，壓抑個人潛能的開展。其一是大人的功利取向；其二是考試主義；其三是對甲等的迷戀。一般父母都愛自己的子女，但是他們把愛建立在功利價值上，期望孩子出人頭地，期望子女比別人強，比別人學位高，待遇豐厚，受到別人的羨慕。甚至於把自己的欲望投射在子女身上，期待他們完成。當然，為子女的前途著想是人之常情，但是當功利取向強壓在孩子身上時，他們就變成了賽馬場上的馬，只有競爭一途；而一旦落敗，就變得失意，形成失能，同時否定自我的價值。

試想，馬難道只有賽馬一途才有用嗎？馬當然可以在交通上發揮自己的潛能，可以在演藝、牧場和遊憩觀光等各方面發揮所長。更何況是身為萬物之靈的人呢？在這開放的社會，本來就有寬容的空間任個人發揮創意，怎麼會存在「只有考試贏過別人才有前途」的刻板想法呢？怎麼會只有工程師、醫師、律師和會計師才是好的生涯選擇呢？

大人越是功利，孩子就越失去有利於他開展幸福人生的環境；越是用功利價值來衡量子女的教育，就越使他們陷入刻板的死胡同。長期諮商輔導研究發現，許多人固然最後拚出一些功利表現，但他們活得並不愉快，疲憊又空虛，顧此失彼，痛苦難耐，家庭失去溫暖，生活失去創意和幸福，甚至憂鬱的情緒長期困擾著他們。

在我們的文化裡，常因過度重視學位和成績表現，而忽略解決問題、人際互動、思考創造和做人處世的方法，以致許多人缺乏正確的生活態度，在現實社會中，走不出自己的路，不能了解自己、接納自己和實現自己。

每個孩子都各有天賦，要幫助他發現自己的優點，鼓勵他依自己和真實的條件去發揮。當然，老師也必須懂得看出每個孩子身上的優點，鼓勵和支持他們，給他信心，給他歡喜，給他希望。千萬不要因為孩子的智育成績不如別人，就吝於在他身上找出優點來鼓勵他。

培養學生的自我效能

自信是一個人能活得振作，肯為自己負責，能回應生活上種種挑戰的精神力量，它能激發和增強個人的自我功能。有信心就有希望，有前途；有信心的人能鍥而不捨，能累積經驗，不斷成長。在各行各業中，能克服困境，獲得成功的人，都具備好的信心。

信心需要成功的經驗和自我效能來建構。所以，教師和父母要在日常生活中，適時給學生成功的經驗，以培養其信心，發展其主動負責的態度。除了學業之外，要從學生的品德、待人接物、實務見識等多方面的能力，適時給他鼓勵和協助，讓他知道大人正欣賞著他的優點。老師欣賞學生的優點，像及時雨一樣給予讚美，優點就會越來越多，這就是輔導的藝術，孩子的責任心和信心就會茁壯起來。

信心使孩子將來經得起挫折，能為他的家庭、社會乃至國家負起責任。為孩子培養信心，就等於給他人生的財富或生命力。由於信心是精神生活的主幹，因此必須在他青少年以前培養起來，而培養的方法就是一方面發掘優點，給他鼓勵、支持和信心，同時要給他新的目標和挑戰，讓他體認負責、成長和豐收的喜悅。

據我的觀察，長期挫敗所導致的無能感，是致使個人自卑、退卻、失去積極主動的活力，和造成自我功能薄弱的原因。當一個人的信心喪失殆盡，衍生出來的就是生活適應的窘境，以及邪惡的態度和精神生活上的難題。因此，在教育與輔導上，教師要重視這個核心問題。

學業成績低落，或者家長對子女的成績要求過高，往往會使孩子得不到適當的鼓勵和讚美，在有意無意中，他們的信心便受到壓抑。這時如果孩子表現得桀驁不馴，那麼得到讚美和支持的機會就更少，結果低成績和低自信便產生惡性循環，使孩子陷入生活適應上的困擾——無能感。其實，只要你多留意，還是能在每個孩子身上找出他們的優點，從了解他們的心聲中，支持他們免於枯竭。多年來，我對青少年做輔導時，都本著這樣的信念，而且總是能得到一定的效果。

無能感或無助感會導致逃避。青少年為了逃避挫敗的痛苦，所以才會結黨玩樂，拒學逃家，群居終日而言不及義，乃至吸毒遊蕩，或者陷於沮喪而造成憂鬱退卻，甚至自我放棄想要自戕。因此，自信的耗竭是個人步入歧途的關鍵性因素。

長期挫敗和信心盡失所導致的自我功能潰敗，就像慢性病一樣，會漸漸侵襲擴大，終至釀成大病。長期挫敗最先損害的是自我價值系統，接著就是情緒的困擾，然後使自我功能低落和無法有效的適應生活。這使一個人的信心蕩然無存。因此，教師和父母必須留心看出學生的優點，給予肯定和鼓勵。

信心是在被欣賞和鼓勵的情況下茁壯起來的。俗語說：「留得青山在，不怕沒柴燒。」自信正是心靈世界的青山。有信心的孩子經得起挫折，做起事來認份且主動性強，無論他們朝哪個方面發展，都能鍥而不捨，獲得成功。然而，這片心靈世界的青山，是需要父母和老師給他們指導、練習和鼓勵的。

給學生學習的機會

成長是一個持續性的學習歷程，從中學會懂得如何避免錯誤，尋求解決問題的能力，並且具備勇氣。然而無論學習新知或改進錯誤，都需要有機會才行。失學固然有許多原因，譬如經濟困難、家境特殊、貪玩逃學等等，但最嚴重的是渾渾噩噩過日子，不能做到「日知其所無，日無忘其所能」。

目前最值得重視的課題是在校生的學習機會，譬如適應不良和有身心障礙的學生沒能即時得到協助；成績低落的學生不能獲得有效的補救教導；犯錯的學生未能適時予以導正。在身心發展上，不能得到即時協助的學生，都會失去實質的教育機會。所以，教育機會並不是只有形式上的「上學」，許多學生到學校只不過是去陪著別人學習，自己並沒有真正學到什麼。

教師和父母必須同時正視學生的學習機會：要觀察診斷學生學習的困難，無論在德、智、體、群、美各方面，應即時予以指導。目前，教師們最大的困擾是許多學生不但不肯受教，反而帶著強烈的叛逆態度抗拒學習，這讓不少老師感到無奈。不過我們也不得不承認，正因為有這種現象，才需要具備教育專業能力的教師，為學生開拓新的學習機會。這便是教師的大愛。

教師必須能了解學生，才能提供指導；透過寬恕，才能維持冷靜的態度；具備教學和輔導的工作習慣和能力，才能提供有效的教學；善用語言的技巧，才能循循善誘；胸懷愛護之心，才能做到有教無類。教師一旦具備這些特質，自然能提供學生良好的學習機會。

學生是從父母和教師的言行中直接學習，吸收其行為特質，模仿和認同其思想態度，引進其價值觀念和興趣取向。因此，愛心能喚起愛的回應，冷漠則得到漠然的結果；你對他失望，他也就振作不起來。所以說教師的愛心和人格特質以及工作態度，是教導上決定勝敗的關鍵因素。

一支明亮的火把，必能點燃學生亮麗的人生。教師心中愛的燈火必須永遠煥然，才能引領學生振作，走出光明的人生路。

學習教導的新知

我們的社會生態正在急速變遷，諸如自由的政治活動、資訊化社會的發展、市場取向的經濟生活、開放的社會和多元分歧的價值觀念等。因此，傳統的權威式教學，對於現在的青少年已不適用。立法廢止體罰後，教師能否懲戒學生，已引起社會廣泛的關注和討論，校園裡師生間的互動關係，亦不時發生前所未有的摩擦與衝突。很明顯的，教師必須改變教學和輔導的方式，必須進修新的技巧，否則可能無法勝任當今的校園生態。

在自由開放的社會裡，師生之間的互動，不容易建立在諄諄教誨上。教學是師生互動的過程，教師又扮演著主動的引導者和創造者的角色，因此必須了解學生的學習行為、心理歷程和特有的個別需要。

教師為了開展有效的教學，除了必須了解教育心理、學習心理和輔導技巧之外，還必須認識社會變遷對青少年所塑造出來的性格特質。每一個世代的青少年，各有其性格特質、流行文化和價值觀，唯有了解他們的特質，教師才能因勢利導，引領他們有效學習。

教師的職責不再只是按表操課，將本科教材傳授給學生為滿足。教育是要教導學生如何適應這個資訊化社會，指導他們做生涯準備，獲得解決問題的能力和待人接物的新觀念。所以教師除了對本科的新知外，還必須對經濟生活、社會文化的變遷有所了解，必須具備廣博的知識和足夠的人生體驗，才能有效指導學生。

隨著社會、經濟、政治和文化的快速變遷，個人對生活和工作的適應可能會越來越困難，因此我們越需要優質的老師來帶領學生有效的學習，以打下良好的根基。師愛是有能力的愛，亦是資訊化社會對教育的新期許，亦是國家社會永續發展的希望。教育能否發展出新的榮景，就看教師能否對這新一波的課題，做出有效的回應。

締造健康的社會性格

教師的愛是有影響能力的。他們透過教學、輔導和生活陶冶，把每個學生引導到自我實現之路，從而締造健康的社會性格，以面對資訊化社會，迎接社會變遷的挑戰。健康的社會性格，是國民共同的良好心理特質，它表現出整體社會的活力、創意、品德和民主素養。缺乏健康的社會性格，國家就會失去活力，造成經濟的衰退和社會治安的敗壞。

資訊化社會的快速發展，導致生產方式及經濟生活的劇變，從而加速社會變遷，知識半衰期因此不斷縮短。國民一方面要具備主動學習和創造的能力，另一方面要有適應變遷和抗壓的健康心靈，而教師的愛必然表現在這個新的挑戰上。

資訊化社會的教育，必須著眼於培養創造力、主動學習的態度、解決問題的能力、人際合作乃至國際觀等等，但更重要的是要培養新一代的健康性格特質。近年來，許多資訊化社會的國家，如美國、日本、英國等，無不重視人格品質的提升，因為它是健康社會性格的基礎。以美國為例，聯邦政府在一九九四年通過品格教育伙伴計畫（Partnership in Character Education Project Program），並持續推動心理健康的教育。最近更深入探討一九七〇年代以後出生的年輕人性格特質，對於Me世代（Generation Me）年輕人，做了諸多的研究和了解，以提出新的教育建言。國內的教育受美國影響很多，因此在我們的年輕人身上，一樣可以找到這些現象：

1. 社會贊許需求的下降

年輕人普遍強調自己的選擇，不介意別人怎麼說、怎麼看，他們做自己想做的事。這在發展自己的興趣上是對的，從接納自我、實現自我的角度上看也是正向的。但是這種特質發揮到極致，不管別人怎麼想，我行我素，就會導致社會規範的衰退；任性地為所欲為，則造成道德低落；率性急切，則在人際互動上產生障礙。有些年輕人已上班好幾年，在人際互動上仍有諸多障礙，疏忽一般生活規範及人情世故，往往造成緊張的人際關係。

2.過度自我關注

Me世代的人相信自我，忠於自己，捍衛自己。這樣的生活態度無可厚非，但越過了現實生活的平衡點，就變成「只要我喜歡，有什麼不可以」。任性導致自我效能低落，工作和生活適應能力下滑；由於過度關注自己，自尊過高，容易因挫折而產生敵意和對立。我發現部分年輕人自恃太高，實力卻又不足，因此高不成低不就，演變成怨天尤人的沮喪態度。

3.強調自己的想法和感受

每個人都是與眾不同的，都有自己的想法和感受，有自己的理想和抱負，夢想著成功、有錢、出名等等，這是普世的生活態度。但Me世代的年輕人比較容易過了頭，隨著夢想走，更重視理想而忽略現實。懷抱自己的想法，做些天真而不切實際的嘗試，又不容易接受別人的建議，終至蹉跎了年輕寶貴的歲月。過度強調自己的感受，在職場上也易造成人際交流的困難，甚至率性辭職，不斷更換工作，而每次都因為「我才不鳥他呢！」而離職。

4.面對高壓力的生活

Me世代的年輕人，自尊和自我期許太高，相對地卻要面對一個競爭更激烈、不容易出人頭地的現實社會，當然會有比較大的壓力。加上生活費用的入不敷出，人際關係上的孤獨感等，使不少年輕人有憂鬱、焦慮和恐慌的情況。於是Me世代服用精神藥物的比例有逐年攀升的現象，透過濫用藥物來尋求麻醉的情形，也頗為嚴重。

5.外控性格的弱點

心理學研究發現，相信外在力量決定命運（即外控傾向）的人，認為一切都是外在環境所注定，就算努力也不會有任何改變，因此比較容易心灰意冷和焦慮，調適壓力的能力也比較差。Me世代外控性格較明顯，若加上自我控制力差，就可能會產生衝動、違法亂紀的舉止，或出現刷爆信用卡的不理性消費行為而成為卡奴。

6.性觀念的開放

喜歡做「讓自己舒服的事」，使Me世代年輕人在性行為上更加開放，追求「爽一下」的觀念正流行開來。研究調查年輕人對世代交替的看法，發現最大的差異是性行為的開放，尤其是性與愛分離的想法，更衍生性病和意外懷孕的問題。

對於年輕人普遍性格特質的了解，有助於教育的檢討，幫助父母和教師，及時在教育上做正確的回應。當然，年輕人在明白自己的特質時，亦能有自我了解和調適的反省，因此上述六個特質，都值得我們借鏡和警惕。

台灣的Me世代，普遍被照顧得較前一代好，也強調自尊、興趣、個人想法和感受，不過生活體驗和責任承擔相對不足，而升學壓力卻又過大，所以我們的年輕人也有其特有的性格特質。

台灣是一個自由開放的民主社會，經濟發展活力強，資訊接觸豐富，教師與父母有較開放的教育觀念，加上多元智慧的陶冶，讓台灣的年輕人具有下列積極的特質：

1.重視個人自由和自尊。
2.創意和想像力好。
3.表達意見的肯定性夠。
4.追求興趣和享受。
5.擁抱理想，積極進取。

這一代年輕人在各方面都有不錯的表現，無論是運動、藝術、創意、發明和學業成就等方面，在國際上也有優秀的成績。

當然，我們的Me世代也有一些負面的特質，值得教育工作者檢討。這些負面特質正是目前許多年輕人失業、生活適應困難和心理不健康的原因。它們主要來自過度受寵愛、縱容，缺乏生活體驗及品德教育。這些負面性格特質包括：

1. 強調個人自由但自我控制不足。
2. 缺乏面對現實及承擔責任的習慣。
3. 懷抱夢想但未踏實築夢。
4. 自我中心，人際溝通能力不足。
5. 挫折容忍力不足，工作穩定性差，疏於累積經驗。
6. 想一夕致富或快速成名，有眼高手低的現象。
7. 對公共事務的冷漠及道德感的低落。
8. 容易受負向情緒困擾。

這些負面的性格特質，會在他們進入職場後逐漸浮現出來，因此教育部門有必要進一步了解台灣Me世代年輕人的性格特質，著手改善教育品質。更希望學校教師能發揮大愛，把每個學生帶向光明，打造健康的社會性格，讓我們穩建地走向永續發展的道路。

輔導管教的新挑戰

我們的教育已邁向全新的里程：透過立法徹底禁止體罰。這對於依賴體罰來管教學生，或藉以鞭策學生努力向學的教師而言，可能有一時不知所措之感。因此，在教育基本法明定禁止體罰之後，仍然還有老師在討論「適當體罰」的必要性。

立法廢止體罰，教師就得守法，徹底放下沿用已久的管教方式，要發揮有能力的師愛，表現教育工作的專業，更積極於輔導管教工作。這是教育與社會變遷的自然現象，全世界明定不體罰的國家已成多數，尤其是新世代的兒童青少年，他們是在重視自尊、自我實現和開放的家庭教育長大的，因此以體罰的方式管教學生，通常會遭遇到許多父母的反對。如今，教師必須遵守法律，並用創意與有能力的愛，去發揮教導的效能，所以教師要做以下的調適：

抱持積極的思想

廢止體罰以後，報章雜誌經常披露部分老師的悲觀看法，他們說：「不能體罰，光講道理起不了作用」；「零體罰使老師管不動不守規矩的學生」；「這使老師只顧教學，放棄管教」，於是說「多數老師私下仍主張採行適當體罰」。這種言論有可能造成教師消極的思想，以致在輔導管教上，容易產生挫折感。

一個民主法治的社會，法律既已制定，就得知法守法。要遵守教育基本法中不得體罰的規定，更要履行教師法所規定的教學、輔導及管教的責任。因此，教師不要因為禁止體罰的法律規定，從而產生消極的想法，對未來教育發展的預期，表現出悲觀的看法。

禁止體罰或許在當下會帶來一時的不便，但我們要相信，必能發展出更好的方法來輔導管教學生。一時頓失某種管教方式，並不會造成教育效果低落，但教師一旦產生消極的態度，將必然使教育的效果低落。因此，教師必須抱持信心，以積極的態度學習新的管教方法。悲觀會使老師的教學態度變得消極，產生無助、沮喪和寸步難行的窘境，再回過來讓教師的愛心低落，發揮不了教化的效能。所以教師要自我期許，以師愛的光與熱，去面對全新的教育改變。

許多研究指出，樂觀與積極使我們變得振作和健康，並影響學生，使他們也變得積極主動。教師在心理層面上必須做這樣的調適，才能發揮大愛。

學習新的管教方法

從教育心理學的觀點看，教學和管教學生，要多使用正性增強劑，也就是說要從欣賞其優點、支持其信心和肯定其做得好的地方，來提升其健康的自尊，增強其自我效能，從而引發學生自動自發，有心向學，並願意遵守生活與學習的規範。

教學的主軸應該放在正性增強的應用上。當然，教師也可以透過負性增強來達到教學效果：當學生努力用功，遵守規範，完成該做的作業和學習活動時，就可以避免受罰或疲勞的痛苦，因此他願意維持其努力和遵守規矩。但這種教學方法並沒有直接指導學生學習能力和行為的正當態度，只是為了避免被處罰，而不得不努力，但努力是否有效果，就得不到保證了。

至於使用正性增強，採取鼓勵和指導，獎勵其成就或優點，則能發展信心和主動性，而培育出積極的學習態度。

在這一波教育的變遷中，教師宜使用教育心理與輔導的原理，多使用正性增強如鼓勵、肯定和欣賞已有的成就。當然，老師還是可以使用適當的處罰來作為管教和教學的工具，不過前提是教師必須遵守教師輔導和管教學生的規範。

為提升教師的愛與教導素養，教師除了進修學習，參加研討會，上網查閱相關資訊外，學校也應該經常舉辦輔導管教學生的心得分享，這對於教師如何把握分寸，會有很大的幫助。相信透過有能力的師愛，教師必能學習更多教導學生的方法，在輔導管教上發揮更大效能。我相信學習是進步的動力，是愛心紮根的沃土。

管教方式的精準

教師在管教學生時，首先必須考慮教育的目的性，要清楚把握自己是否進行教育工作。如果對學生的管教不是建立在心智啟發、人格發展、品德的陶冶、知識技能的傳授等教育目的上，而淪為因違規而必須處罰，則教導的目的性就會失準，因為處罰本身並沒有帶來新的或正確的學習。這並不表示教師不可以處罰學生，但處罰一定要符合教育的目的性才行，否則處罰會流於對學生過錯的一種懲罰或報復，這會造成教育的偏差，也會形成學生的敵意。

處罰學生所採取的方式，必須與所犯的錯有合理的連結。比如說數學作業沒有按時繳交，卻罰他課後參加教室清潔，那就是不合理的連結；但如果罰他多做幾個練習，則屬合理的連結。過去有許多處罰頗受詬病，甚至造成對學生身體自主權的侵害，都屬缺乏合理連結的觀念所造成的。

此外，教師在輔導管教上，要重視即時回饋的原則，當學生對於所犯的錯做了改正時，就應予以肯定和鼓勵，這才能增強其行為的正確性，提升教化的效果。

民主與法治精神

自由與民主是我們生活的圭臬，教育的目的就是要教導學生過自由民主的生活，創造幸福的人生，享有富裕的經濟和安定祥和的社會。自由與民主得以維持，社會功能得以運作，人民的權利可以得到保障，在在都要靠法治來維持。

學校教育是民主法治的搖籃，所以輔導管教學生就必須建立在民主法治上。學校與教師要引導學生守法，在學校權限內，要指導學生建立班規、校規和罰則，學生對於自己所討論出來的規範印象深刻，因此遵守的意願也比較高。

班級經營如果建立在民主與法治的觀念上，便容易形成團體動力，引發學生互助合作，使學習效果提升。尤其是透過合作學習、小組活動和班級合議，更能引起群策群力的學習效果，從而提升班級成員的互助與成長。這不但能提升教學效果，同時也大大降低違規行為的頻率。

重視生活教育

我長期從事輔導學生的實務工作，從所累積的個案經驗中，讓我更加深信童年結束前，不當的家庭生活教育和錯誤的行為示範，是導致青少年違抗師長和犯罪行為的主要原因。因此，教師必須關懷學生的家庭生活、父母親的管教方式，以及其所面對的環境壓力。當教師深入了解學生的際遇時，就比較能同理學生，對於他的頂撞和違規行為較能起惻隱之心，而不會被激怒，甚至會進一步想辦法來幫助學生，輔導其走向正途。

學生的早年生活經驗，往往是心理違常和困擾的根源。我發現，悲觀的父母示範了消極的態度；放縱和溺愛的家庭，孩子缺乏自律和自我控制；管教過苛則造成壓抑和焦慮。教師若能了解學生的背景和無可選擇的遭遇，自然能興起慈悲的大愛，設法輔導孩子改過向上。

當然，我也希望教師能在親師會上，宣導家庭教養的重要，透過生活教育，以負責的態度教導孩子。父母是家庭的公權力，因此必須扮演民主與法治的指導者角色，教導孩子遵守規範，才能發展適應民主社會的能力。

法律明文禁止體罰的規定，對部分老師來說，是一項很大的挑戰，這個新變革一時或許會有教師感到不能適應。但我相信它是正向的，只要願意以積極的態度去正視這個改革，學習研究更多新的輔導與管教方法，做適當的了解與回應，就能把學生教好。輔導與管教的動力是教師的愛，我們要用有能力的愛來創造輝煌的教育成果，培養更優秀的下一代。

在變遷中成長

我們生活在一個不斷進步和變遷的世界，必須學習適應變遷，透過調適與創造，不斷往前進步。佛經上說「諸行無常」，我們生活的情境，包括大自然、環境、人際、經濟乃至政治運作，總是不斷在變化，對個人和群體發出嚴厲的挑戰，卻需要知識和智慧去解決問題，以及要有好的耐力和健康的情緒去迎接挑戰。

因此教師也要不斷適應變遷，依社會的需要培養人才，並以有能力的愛，去培養個人和塑造社會。個人和社會性格息息相關，當社會奢迷腐敗時，個人很容易隨波逐流，但當教育能培養良好品格和創造力時，社會性格則又變得健全起來。今天我們的社會性格變得自我中心、冷漠、頹廢和擾攘不安，是因為教育觀念偏差。我們的教育只想到升學和學歷的形式，沒有檢討變遷社會中真正的需要，以做出正確的回應。

教改推動多年，卻重視理想而疏於著眼實際；重視高學歷的取得而輕實用技術的培養；學生養尊處優，因而造成眼高手低，就業困難。現在我們必須在變遷中學習和成長，教育的決策者當知，教師和父母亦當知之。

2

師愛的影響力

愛豐富了教師的生涯，活化了教學的活動。

教師的愛鋪平了莘莘學子的前程路，教導他們走向光明成功的未來。

愛是生命世界的活水源頭。生命因愛而孕育成長，精神生活因愛而豐富悅樂，人生的意義因愛而湧現希望。我認為教育工作最需把握的就是愛。愛是教育的目的，也是教育的歷程和方法。事實上，教學工作就是透過愛來進行的。

依我的觀察，愛是一個人從封閉的自我轉化為開放的自我所產生的活潑生命力。

它使人積極振作，樂於與人分享生活的情趣與經驗。當一個人能從自我中心解脫出來時，他是自在喜悅的，能關懷別人，對於生命有著民胞物與的襟懷。他能自愛也能愛人，能給自己歡喜和希望，也能給別人歡喜和希望；能主動的成長，也能協助別人成長。愛是教師所應具備的最重要條件。

愛是一種幫助學生成長的能力。它的特質是給予，所以愛是沒有條件的。有條件的愛是欲望和佔有，它沒有溫馨，沒有啟發性，缺乏優美的感動性。

沒有條件的愛就像陽光一樣，是人性中最美的表現。佛陀曾說了一則故事：森林裡有一頭六牙象，善良雄壯，樂於助人。有一位獵人在森林裡遇難受重傷，牠救起他並送回村落。不料獵人在傷好之後，看到國王的詔示：凡獵殺六牙象，摘取象牙入貢者有重賞。獵人起了貪念，偽裝成修行者潛入森林，接近六牙象，並用毒箭射殺牠。

六牙象中毒倒地，象群即刻圍攻獵人，霎時危機重重。身為象王的六牙象，卻伸展前腿抱著獵人，保護他免受傷害，並示意象群退去。六牙象於是問獵人：

「你何故傷害我？」

獵人慚愧，具實以告後，六牙象自行折斷牠的象牙送給獵人，並告訴他說：「以此布施實現生命的光彩，我當成佛。設我成佛，首先會回來救助你，替你拔除心中貪、瞋、癡三支毒箭。」

這是一則寓言故事，它啟露生命世界中愛的真諦。六牙象的愛是沒有條件的，就像許多母親對子女的愛一樣，在困難時會犧牲自己來保護子女；我們在許多災難現場，都會發現母親襁褓中的愛，保留了孩子的生命。我們也經常看到偉大的師愛，他們忍受學生的頂撞拂逆，沒有條件地原諒學生，提攜學生，給他們成長和悔改的機會。愛能溫暖人心，令人們溫馨成長。它是教育園地的陽光，沒有愛，就不會有真正的教育。

師愛的實現

作為一位教師必須認清，愛不是佔有，不是把父母或社會的欲望或企圖心轉移到孩子身上。真正的愛是一種開悟的力量，是一位教師能從自我中心、防衛和敵意中解脫出來，而所產生的覺察和感昭學生的能力。它能照亮孩子們的心，給他們希望和活力，讓他們也能依自己的根性因緣，去活出自己的人生，實現自己的潛能。

有能力的愛

愛是實現人生的能力。愛心誰都有，但能把愛化作能力，甚或是一種藝術，真正去實現的人，確實不多。教師和父母沒有不愛孩子的，但有些人的愛能啟發學生，溫暖學生，給學生心智成長的力量，而有些人所給予的愛，卻是沒有能力的。教育的成敗就在這裡分野。

我們需要有能力的教育愛。這種愛的實踐，就像點燃孩子心靈的燈一樣，令它能光明起來，照亮自己，看出希望，覺察前景。不過，你要點燃孩子的心燈，自己的心燈就必須先是亮的。光只是說要點亮心燈是沒什麼用的。

如果教師對孩子所做的教導不能引發他心智成長，不能引領他看出希望，看出事理，看出生活的答案；也就是說，沒能令他開悟，那麼這種愛就是無能的愛。無論你多愛他，無能的愛就是點亮不了孩子的主動性、人格成長、適應能力和自我反省。

教師的愛，最重要的還是自己是否在人格世界裡，能綻放出有能力的愛和熱情，以化導學生的錯誤，啟發其心智成長，讓他們的心靈感受到安全和溫暖。倘若教師是冷漠的，或者自己在人格特質和品行上，不足為人師，那將會是一種造業；他不但在教育工作上徒勞無功，貽害莘莘學子，同時其教學生涯也將變成沉重的負擔，因為他壓根兒就體會不到這份神聖工作的意義。

開放的心靈

無能的愛往往是一種悲劇。有位媽媽帶著孩子前來諮商，那孩子就讀國小五年級，天性好動，經常觸怒老師，在氣惱下，學生經常受罰。他無心念書，故意跟老師搗蛋，而老師也天天和孩子嘔氣，這種緊張關係增強了孩子的叛逆。孩子說，「只要班上鬧事，老師就認為是我，她冤枉我，我恨她。」「老師諷刺我，說我笨，不可能考九十分，她懷疑我是否作弊，要我老實說出偷看誰的考卷。」在深度談話中，我發現孩子的學習遭遇竟然是那般痛苦。這種用懷疑和敵意的態度所教出來的孩子，其人格發展難免會發生障礙。

我不能說這位老師沒有愛心，聽說她還挺認真的，所以這位媽媽還是認為孩子應該留在原班才好。但是我們必須認清，無能的愛將造成孩子無可彌補的傷害。至於老師呢？她處於和學生對立的敵意態度下，經常被惡劣的情緒所困，只要孩子犯了錯，就以為他故意頂撞自己，因此每天用揮之不去的成見來看學生，更容易產生自我封閉的獨斷，以致傷害了學生。結果，為師者人格世界的自我功能漸漸有了障礙，對待孩子的心量也就更狹窄、更失去創意，那種境況是教育工作者的陷阱。

教育工作者必須有一顆開放的心，和孩子同理互動，給予溫馨和安全感，才能有效地協助孩子學習及做生活調適，引導其心智成長，這就是有能力和有啟發性的愛。

創造生命之愛

愛是一種精神力量的表現，對於教師而言，它是生命的意義，是教學生涯的喜悅。能體驗到這一點的教師，對教育工作樂此不疲，不斷綻放著光與熱。他生活在教育的興趣之中，充實而有自在感，因為他正結合許多力量，創造更多生命之美。他看到學生氣質改變了，人格發展健全了，主動求知和自治的能力也進步了，因此而體驗著自己的創意和生活的意義與價值。

漸漸地，他發現自己正面對著一個精神世界，而他正是那精神世界的實現者之一。一種人際間的隔閡漸漸脫去，敵意、控制和操作等自我防衛逐漸消失，與孩子的距離越近，越能同理，更知道如何回應孩子心智成長的需要。自己的人格從而得到啟發和成長，精神世界也豐富且活化了起來。

給予孩子的啟發越多，自己就越豐足；老師活在生命的光與熱裡，學生也懷抱其中，得到春風雨露，雙方面都得以成長。有一位老師說：

「教育工作雖然辛苦，但我卻把它當分內事，樂此不疲；只要看到孩子們成長，我就能得到喜悅，同時內省到自己生命的意義和希望。」

有這種體驗的老師，為數不少，他們很內斂，很少和別人爭什麼；他們在默默耕耘中，讓自己和學生同時成長。另一位老師說：

「你以為教學是建立在回報上嗎？不是的。如果教師有了回報的念頭，教學就變成有條件的交易。條件一旦存在，教學的熱忱就會終止，師生互動的啟發效果便會消失。你是知道的，愛是沒有條件的。」

可惜許多教師把愛與回報（或回饋）相混淆，當學生不能以好成績來回饋時，他便失去了教導的熱忱；當學生不能以乖順的態度迎合其觀念或意見時，他就對學生失望；當他不能擔任好班的導師時，就憤怒洩氣。這些作為已失去為人師表的立場了。

給予的喜悅

多年前，我在政大教授教育學分班的課。學生都是在職的教師，我們討論到「教育工作者的使命」時，一位年紀稍長的教師說：

「教師生涯要自己肯投入才行；把它當作人生的一部分，當作自己生命實現的過程，才能體會個中的興趣，才能從辛苦的教學工作中看出喜悅，現出春風化雨的活力和智慧。這一關必須透過深度體驗和參與才辦得到。

「各位！我們從事教育工作，是為了什麼？人生很短，很快就會走到盡頭的。試想，走到盡頭時，就要跨出另一個旅途，回首前塵，看看自己在教育上的耕耘，是一片枯黃零亂呢？或是翠綠繁茂？那時可不能是慚愧才好。

「我們都背負著光與熱的人生使命。除非你不擔任教師，否則教育愛是你不可或缺的。它使你成為一位老師，給你一種無愧和莊嚴之感。我看到有些同事，只把教育當職業，看成是謀生的手段。千萬不可以把教學的大事拿來當糊口，那太羞愧了。」這番話令許多教師聽了肅然起敬，我也深受感動。

教育工作和其他行業不同，它特別需要具有一種無條件的愛。但許多教師卻在不經意中，疏忽了去涵養它。比如說學生成績好，老師對他的態度和氣，鼓勵也多；成績差，引不起教師對他的關注之情，冷漠和疏忽往往加深對孩子的誤會，看不出孩子身上的優點和潛能，當然少有機會啟發他。當教師的心被條件化時，就很難施展有能力或有啟發性的愛。這不只對成績差的學生如此，對於成績好的學生也一樣；因為教師的關心來自成績，成績以外的心智發展，則經常被疏忽。各位回想看看，有許多學生顯然因為成績好，老師更易於疏忽他們其他需要學習的能力，例如挫折的容忍力和耐性的培養，人際關係的學習等等。

涓涓師恩

教師的愛如果來自開放的自我，他會看到每一個學生的優點，也明白每一個學生的限制；對不同的學生給予不同的鼓勵和協助。他既不會被成見所囿，也不會用刻板的態度去面對多變活潑的學生。

教師一旦從封閉的自我解脫出來，在他的人格世界裡將不斷綻放著光與熱，化成照顧和啟發學生的師愛。他的愛沒有條件，就像陽光雨露普潤大地上的花草樹木一樣，產生了教化的功能。春風化雨正是這個道理啊！這樣的教師，必然也是一位生活的實現者，他們清楚自己該做些什麼，關心的是學生和教學的情趣。

我知道有許多教師體驗到這種工作上的情趣，他們默默地在奉獻，在給予，在啟發年輕學子；他們也在其中成長，享有豐富的喜悅。這些良師綻放著智慧和仁慈的涓涓師恩，細水長流，強壯了每一位學生的人生，許多人一輩子懷念的師恩，正是這種生命力和感人的智慧，它是很美的。

開放活潑的教師，具有愛學生、啟發其心智成長的使命感，融合其開放的心靈，體察學生所思所行及環境狀況，發展出大願大愛，指引學生看出他們自己成長的希望。請注意！當學生們能對自己的生活和生命看出希望時，他就有了活潑的精神力，也同時具有回應愛人和自愛的能力。

點石成金

教育需要愛，因為愛能創造一切，化不可能為可能。現今教育上最需要的資源不是硬體設備，也不是教材或經費，而是有能力的教育愛。有了愛心，即使是赤貧的，我們還是有熱心和智慧去努力創造，去克服難題；反之，如果教育愛流失了，大家冷漠地過一天是一天，那教育就會失去成長的動力。

民國四十年代，台灣平均國民所得不到美金兩百元，物質匱乏，設備闕如，國民教育就在寺廟、祠堂、茅屋或大樹下進行著。當時老師們連國語都講不好，知識水準也不高，但是他們有愛心和熱忱，不僅關愛學生、邊教邊學、敬業與負責，還引發許多創意，帶著孩子自製教具，引導家長協助學校修葺。當時學校的教學風氣是熱中的，師生教學相長也是值得讚美的。而當教師們把一屆屆的學生教出來時，台灣的經濟發展也就奠定了基礎。

四十年代我們的處境是貧窮的，因此教育愛表現在擺脫貧窮，生聚教訓都是為了增產、儲蓄和厚植國力。這一段發展歷程是透過教師奉獻的教育愛，所創造下來的豐碩成果，是絢爛成功的。我們眼前所看到的經濟發展，正是過去教師愛的最好見證。

教師們的成就是有目共睹的，他們不但把赤貧的每一個人教育成能生產、懂得教養和改善生活環境的現代人，而且更因為知識水準的逐漸提升，使我們在政治改革上，不致像其他開發中國家那樣，陷入嚴重的困境，甚至引發暴亂，這都是教育愛所締造的佳績。

挑戰與希望

當前的教育最需要的就是愛，最期待每一位教師用愛來強壯下一代青少年。經濟發展所帶來的社會變遷與失調，對教育構成嚴厲的挑戰，因此亟需教育工作者用其大愛來克服，否則教育工作者將無法交出具有時代意義的成績單。目前教育工作者所面臨的挑戰是：如何教育學生做人。或者更恰當地說，教學生正確的生活態度，好讓他們更知道如何善用科技和財富，去創造幸福的社會和自己的人生。

現代人最大的隱憂是：失去愛，失去生活上健康的態度和應當堅持的倫理法則。人們普遍忽略精神生活，忽略自己應該去建構莊嚴人生的宏旨，而在所謂浪漫與價值中立論的推波助瀾下，完全屈服於功利和享樂的引誘。人文精神的理念和建構莊嚴人生的大義被抹殺了，許多人變得不負責任，縱慾或為所欲為，於是家庭的倫理被蠶食腐化，離婚率逐年增加，青少年犯罪問題日益嚴重，吸毒和暴力成為這個社會的棘手問題。這些問題並沒有萬靈丹，而是需要教育愛。這不只需要教師的愛，更需要父母親的愛。

心理健康是高度工業化社會普遍必須關懷的問題。個人為有效適應忙碌而競爭激烈的生活，更必須具備健康的人格，但是在自由開放的社會，卻因為缺乏愛的溫暖，而使年輕的一代陷於更大的適應困難。這似乎是一種惡性循環。

與做人有關的精神特質，無論它是倫理的、心理的、人際關係的或者是生活態度的，都得從人的互動中相互學習。因此，如果大人有愛心，子女就會學到愛；特別是有能力的愛，是很具啟發性的。

中流砥柱

教師是希望的開拓者，無論社會轉型時價值如何紊亂，教師都責無旁貸，要肩負起教導與啟發的責任。因為它正是教師生涯的意義，如果自己無視於教育愛的奉獻，他的人生必然產生人格上的缺憾。

教師如果不能以愛心幫助學生在生活中解決問題，那麼許多學生累積的大問題，便會成為社會問題，反過來把目前的成就吞蝕掉。請留意！人不去解決問題時，問題會把人給解決掉。當社會開始頹廢到一定程度時，每一個人都將同蒙其害。

之前我曾多次參加教師的研討會，也訪問不少學校，聽聞許多溫馨的教育故事，也知道不少令我心酸的傷心事。比如有一位國中校長理直氣壯地說，「適應不良的學生，無論如何我都不讓他轉入本校」，理由是「會影響其他學生」。我認為這種理由很不正當，而應及時予以指正。國民教育是強迫入學的義務教育，怎麼可以拒絕學生上學呢？教育工作本來就是匡導學生的錯誤，培養其正確的態度、習慣與能力，學生若是有錯，更需要教師的專業知識和有能力的愛來教化，否則學校就失去意義了。

辦學的人如果缺乏愛心，學校就會像漸漸枯乾的湖泊，魚兒不免危險。

這個時代，看來是經濟活動第一，但它的根本問題卻是教育。每天媒體所談的都是經濟、治安、交通和政治的話題，但每一個話題都將回籠到共同的核心，那是教育。教育所要教的是愛，是人心，是智慧，也是福報和安定。當然，要把教育辦好，就需要每一位教師能看出身為一位教師的使命，用開悟而有能力的教育愛，去耕耘這片大家希望所寄的福田。

當你願意或已經從封閉的小愛走出來，去實現教育工作的大愛時，必已體驗或發現到，自己活得豐富而有意義，且周遭的學生已領受到你悲智雙運的啟迪，一同邁向新希望，看到那份愛的光明。

愛是心智成長的契機

人因愛而誕生，沒有愛就不會有生命，就不會有成長，更不會有文明。人因為出生時有父母的哺育和擁抱，才有安全感和成長；因為有愛，才有喜樂和情感；因為有教育與啟發，才有智慧和解決問題、克服困難的能力。

我們因為有彼此的關懷而活得歡喜健康，能互助而覺得不孤立；能互相尊重和鼓勵，才活得親密而有意義，這就是愛。

有愛的地方總是光明的、歡喜的，它給人帶來活力和創造；沒有愛的地方，視野是黑暗的，生命也會是枯萎的。因此，教育的核心問題是愛。只要有愛，我們就能自勵創造，就能互相關懷，負起責任，相互了解。

愛能激發創意

一位有愛心的老師，會想盡辦法蒐集資料，尋找教具，設法把學生教好；有愛心的父母，會恪盡職責，設法幫助孩子上學。愛之所以具足人性光輝，令人動容，是因為它總是在艱辛中，負起了責任，孕育了創意，給對方成長、生存的機會和喜悅。

我小時候家境很貧困，有一年過中秋節，別人家都有月餅吃，只有我家吃不起月餅。母親知道我們六個孩子都期待著過節，尤其想嘗嘗難得的月餅，可是我們卻買不起，我相信當時母親一定很急，也很無奈。不過，她是一位很有創意的母親，在中秋節的中午，她告訴我們：

「孩子！今天我們要自己做月餅。我們用蕃薯和少許白米，一定能做出月餅來，而且要做得香噴噴的才行。」

聽到母親的鼓勵，六個孩子都很起勁地幫忙，有的削蕃薯皮，有的幫忙推磨米漿，全家動員忙做事，過節的氣氛一時濃郁起來。到了傍晚，一個個月餅就由孩子們的手中做了出來，妹妹看了看卻皺起眉頭說：

「我們做得不夠像，因為餅上缺了個紅印子。」

這句話又引來了一番熱烈討論。這時，媽媽從她的口袋裡拿出兩毛錢，要我上雜貨店買「紅朱膏」。我跑了一兩里路，買了回來，弟妹們早已用生蕃薯刻好了印章。大家用自己刻的章，沾上紅色素，一個個印上去。每印上一個月餅，弟妹們都會眉開眼笑，似乎連月餅也笑出聲音，我們興高采烈地過了一個難忘的中秋佳節。直到現在，每逢中秋節時，我都還記憶著那種喜悅的氣氛。

人難免時運不濟，但不能沒有愛心去好好生活，去把事情做好。我們雖無法改造環境，但卻可以用愛來改造我們對環境的看法，而產生創意去克服問題，產生喜悅。

一九八一年，我在美國俄亥俄大學進修，曾應邀在美國國家職業及技術教育研究中心發表演講，講題是「台灣的經濟發展與教育」，聽講者有許多是來自東南亞和第三世界國家的留學生或政府官員。在演講中我說，經濟的發展要靠有效的人力和智慧，沒有辦好教育，經濟就發展不起來，這是正確的共同認識。不過，有許多人認為，沒有好的財力就辦不好教育，我認為這是一種迷思，如果不及時糾正這樣的觀念，教育就無從開辦，經濟發展當然會落後。我說：

「二十世紀的四十年代，當我還是幼童的時候，台灣的國民教育是靠愛、責任和理想辦起來的。小學中低年級是在樹蔭下上課，雨天在走廊教學；草棚是我們的教室，寺廟是我們的學校。

「蒼天是孩子們的幃幕，草地是兒童們歡坐的絨毯。老師說著，學生們聽著；夫子唱著，孩子們和著。大一點的孩子會幫助學校做許多事，舉凡打掃、種花、鋤地、圍籬笆都能做。貧窮的國家也有美麗的教育，這就是台灣早期的教育寫實。

「政府沒有經費買教具和設備，老師就帶領孩子自製教具；學校裡沒有樹苗，家長協助學校把校園美化起來，這就是創意，是來自對教育的愛與關心。有愛的地方就會有創意，因為他們有心想解決問題，克服困難。有愛的地方就會有一番好氣氛、好景象，教育就會生根茁壯。」

當時聽講的人都很受感動。不過，事隔多年後的今天，我卻對我們的教育感到憂心，因為過去那種教育愛似乎漸漸地模糊了。我不是說現在沒有教育愛，而是說教育愛的創意已逐漸式微。

我常有機會參加教師或校長的討論會，經常發現我們花了太多時間在討論經費和員額，而較少看到會議是在激發創意，分享經驗，切磋克服困難之道。有一次我提議，每一位教師每晚打電話給兩個自己班上的學生，表示對孩子的關心，說幾句鼓勵的話，只要花十分鐘就可以了。這點投資會給孩子帶來溫暖和激勵，特別是對父母不在家的孩子，更能帶給他們一點關愛。此時，與會者提出一個正當的疑問：

「這個美意很好！但是請問誰來付電話費？政府並沒有這筆經費預算呀！」我的回答很簡單：

「這不是強制的規定，強制就失去愛的意義了；如果老師願意奉獻出自己的愛，他就不會在意這項愛的給予。如果政府給予教師這筆電話費，對教師而言反而是一種負擔，更可能是一種貶抑。我知道許多教師正在這麼做，而且做得很樂意！

「其實這個問題的核心是，教師怎麼打電話，什麼話對學生具有啟發性、激勵性和關懷之意。當教師能體驗到打電話給學生是一件有意義、有價值的事，能引發孩子積極成長時，他將看到一種偉大的成就。」

會後，令我很高興的事發生了：有好幾位教師對我說，他願意去嘗試，他覺得很有道理。

愛必須建立在主動的給予和創造上。愛不是要我們等待萬事具備才去行動，而是要用創意去解決。愛不是等孩子學好學乖才來愛他，而是乖與不乖都要愛他。乖的你要給他鼓勵和砥礪，不乖的就要設法協助他解決問題。教師的愛是這麼的清高超脫，這麼地努力去布施，才能看到生命的真實意義。唐朝藥山禪師說：

欲得保此事，
直須向高高山頂坐，
向深深海底行。

愛的行動必須與智慧結合，這種創意既是偉大的，而且能展現人生的無盡光輝和希望。心理學家葛拉塞（William Glasser）在擔任青少年更生諮商工作時，為了要幫助一位不與人溝通的少年，默默地觀察了好長一段日子。最後發現，那位少年喜歡狗，常與狗說話。於是他也養了一隻狗，然後向少年表示自己很忙，需要他協助照顧那隻狗。他透過照顧狗來尋找與少年溝通的機會，透過對狗的愛而表示對少年的關心。最後他成功地建立了彼此的友誼，也教會那位少年接受別人對他的關心。

愛既能激發人際互動的創意，也是一種實際行動的能力。它使我們看出新機，得到成長，並享有無盡的歡喜。

天賦與機會

愛提供了機會，也強壯了天賦。從成長的觀點來看，給予愛即給予天賦。

有能力的愛具有深邃的滲透性，能引發學生心智的開展。天賦固然有一部分來自先天，但大部分的潛能，必須在有能力的愛的啟發下，才能萌芽茁壯起來。潛能不只限於單一專長的培養，而是多方面能力的養成。事實上，人既需要學有所專，或賴以維生的一技之長，但更需要許多能力來輔助，使生活的適應良好；透過經驗與能力的豐富化，使生活勝任愉快。有能力的愛，正是促進一個人學習與成長的動力。

愛提供了機會，使潛能得以開發。我認為真正懂得教導的人，都會提供嘗試的機會，讓孩子從試探中學習多方面的能力。最近，有一對年輕的父母，為了送孩子上學，特地買車來接送，他們自許給予孩子許多愛。我認為這樣的愛不屬於有能力的愛，因為它剝奪孩子許多學習與成長的機會。天天接送孩子上下學，使孩子失去與同伴一起搭公車的樂趣，失去獨立自主的養成機會，失去生活磨練及耐苦的機會。把孩子照顧得無微不至的結果，往往是孩子挫折容忍力低落及失去堅毅強韌生活態度的原因。

讓孩子有機會去嘗試，父母所付出的愛心，有時遠比買一部車子來接送更大。記得我的孩子念幼稚園大班時，我允許他們自己搭公車到外婆家。但我實在不放心，只好悄悄跟隨觀察，等他們上了公車，我叫了一部計程車尾隨其後，留意他們。我發現哥哥帶著比他小一歲的弟弟，有模有樣地照顧他，很令我感動。孩子們到了外婆家又回家來，我始終跟隨留意，發現他們完全照平常學來的規矩過馬路、等車和上車。最後，我搶先回家坐在客廳迎接他們。我發現兩個孩子進門時的胸膛比往常更挺，滿臉流露出征成功的自信和喜悅。

天賦是什麼？那是很難用眼睛看得到的。我們只能說天賦是一種潛在的能力，它必須透過嘗試和學習，像種植一樣，要灌溉，要施肥，要有陽光雨露，當然也免不了風吹雨打。

許多父母一味要讓孩子接受好的教育，但是卻不知道好的教育是什麼。他們提供了太多保護和餵哺，就像給孩子太多精緻食品（又稱為垃圾食品）一樣，會營養失衡，心智發育不夠碩壯。而提供好的教育，就必須建立在有能力的愛上。

教師所給予的愛，必須是具有啟發性的；能引發學生主動學習的教導，是具有生命力的陽光。它給學生心智成長，給孩子信心，給青少年一種積極振作的豪氣，這就是愛，也是一種溫暖。學生可能只因為老師的一句話，或一個表示肯定的眼神，就從中獲得成長的機會。

有一位教師，家裡種了一片柑橘，去偷摘水果品嘗的正是在學學生。不錯，學生們看到纍纍橙紅的果子，也許樂瘋了。他們不只是偷幾個來品嘗，而是書包裡塞得滿滿的戰利品，內衣脫下來當布袋也裝得鼓鼓的，這是偷竊，是不正當的行為，是該懲罰和教訓的。這位教師將學生們移送法辦，我雖不能說他這麼做是錯的，但毫無疑問的，他沒有給孩子機會，更沒有教導他們。

每一個青少年都曾多少犯過錯，如果讓最嚴重的那一次錯誤曝光，而又沒有得到寬恕和教導的機會，那一次或有可能使一個青少年成為罪犯，成為永劫不復的挫敗。身為一個成年人，是要認真去思考為何青少年會犯錯，如何給他機會，引導他改正錯誤，這就是人間應有的大愛。

經過一番觀察和反覆的思考，我發現機會雖然並不等於天賦，但天賦一定來自那份豐富的愛所流露出來的機會。人們要重視禪家所謂的善緣，一切本空，因善緣而起一切善，因惡緣起一切惡。故云：

緣起性空。

教育必須建構在善良行為和思想的緣起，奠基在慈悲的發心上，發揮在智慧的開曠視野中，只有這樣，才有教育與成長的機會，這當然也是社會祥和之所繫。

我知道大部分的教師都心懷愛心，但請留意，你所給予的愛護、勸說、責備和鼓勵，都必須是有能力的，那才可能成為學生心智成長的機會。

在我念初中時，王述之老師教我們博物課，是一位善於引導學生心智成長的老師。當他教學生們自製教具和標本時，師生常一起工作，他時而指導，時而鼓勵，時而讚美欣賞，我們幾乎天天豐收，成績斐然。有一次，我很認真地製作標本木盒，醉心於工作，忘懷一切，偶然一抬頭，發現老師正站在身邊看著。他很欣賞地對我說：

「你的手真靈巧，頗有木工的天賦。」

從那天開始，我的手越來越靈巧，能做更多的標本。後來，我曾兩度因家庭經濟拮据，面臨輟學，都認真想過，如果輟學就去學家具木工。當然，我沒有輟學，也沒有去學木工。但我相信，如果我去學木工，一定會是個中翹楚，因為我既有天賦又有信心，那是王老師給我的機緣。

不過，我始終沒有忘懷木工，喜歡修理家具，做點木工來自娛。我會把買家電的木箱子拆卸保存起來，興致來了，就做點什麼，或作為修填家具門窗之用。我最得意的事是：用那些積存的木料，為兩個孩子製作了娃娃車。除了四個輪子是買來的之外，都是我精心設計的。我不敢說它有多好，但它是心中得意的傑作。娃娃車表現了我對孩子的愛，也表現了創意，也許這就是心理學家弗洛姆（Eric Fromm）所謂的創造的愛。

每當父親推著娃娃車，載著孫子在社區裡散步，鄰居看到那部與眾不同的傑作，都會過來欣賞一番，而老人家總是笑咪咪地輕拍著娃娃車說：

「這娃娃車是我兒子的傑作。」

畢竟，我的兩個寶貝兒子，都在那木製娃娃車中得到喜悅和大人兜著玩的歡笑。喜悅和豐足的生活，是一連串創造的結果，但是創造需要天賦和信心，需要有好的興致和對生活的熱愛。我深信，所謂天賦，就是父母和教師是否願意用他的愛和慧眼，去欣賞孩子的嘗試和創作。

孩子的創意往往來自大人的欣賞和鼓勵。生活是寬廣的，沒有範圍的，如果大人只把目光投注在學業成績上，而忽略多方面才能的欣賞和啟發，那便無異是在壓抑豐富的生活內容，打壓許多發展潛能的機會。

學習的機會即是絢爛的新希望。許多孩子主動求知，無論在課業方面或待人接物上，都能主動學習。這種自動自發的性格，顯然是一種興致和興趣。孩子們得到真心的支持和欣賞越多，興致越好；給予孩子嘗試的機會越多，就越有興趣。不過，請千萬不要誤會，漫無目標又缺乏正面價值挑戰的放縱，將導致創意和興致的衰退。

談到教師的愛，王逑之先生還有一件影響我深遠的事。在我升初二的那一年，因繳不起學費而面臨輟學，我已打定主意去學木工了。開學第二天，他請班上同學通知我回學校。一進辦公室，他便對我說：

「我已和學校商量好，學費可以分期付款，有錢就拿來繳，多少不拘，直到繳完為止。」

我就是以這樣的分期付款方式繼續了學業。不只如此，在我初中畢業前三、四個月，由於家境貧困，早已打定主意去學木工。他卻對我說：

「你們班上如果多一位考上省中，我就多一份歡喜；我替你報名，你替我去多爭取一份光彩如何？」

我義不容辭答應了，並認真地準備考試，以不錯的成績考取高中。老師很高興，我當然也很高興。這次的安排讓我有機會上高中，爾後靠著半工半讀，一直持續下去。雖然母親還是要自己付報名費，但那次機會對我來說，實是太珍貴了。

在我的成長過程中，母親是最能鼓勵我、給我機會接受磨練的人。她鼓勵我去賣水果，我卻因羞怯而不敢銷售，但她知道激勵的方法，知道只要肯跨出第一步，就能順利的啟航。我終於在初中畢業那一年的暑假，開始了我的水果販工作。從那天開始，我學到許多大人才能做的事，對自己也很有信心。這個機會是母親的愛所給予的。

當時我經常在清晨四點半起床，用腳踏車把一百多斤的水果載到羅東去賣，然後再折回來省立宜蘭中學上課。放學回家就去批購水果，清晨一早就去販賣。我工作得很起勁，因為有母親的安慰和鼓勵。特別是一大清早起來時，那碗熱騰騰的稀飯，既溫馨又可口。她幫我把貨品掛載在自行車上，推著腳踏車，送我到路口。我偶爾回首，在清晨的朦朧中，還可以看到她對我揮手。如今回憶往事，備覺愛是何等的生動，而令人動容。

愛給一個人勇氣和信心，給一個人機會和天賦。

在從事心理諮商經驗中，我幾乎可以肯定，心理上的許多失調和症狀，都是由於失愛的結果。沒有愛就沒有活潑的生命力；缺乏有能力的愛，就無從造就一個具有回應能力、能活潑生活的個人。

生命的實現

愛是一種令人動容的生命力，它使我們活得有價值，有光彩，它是教育的無盡素材，更是人性尊嚴的所在。

由於我和王迺之老師建立了一份很深的情緣，所以只要回宜蘭老家，總是會去看看他，和他聊天。我念大學三年級時，有次我們聊起以往少年時的貧困和分期付款的事。我讚美那是一種很文明的貸款制度，並對那次分期付款打破沙鍋問到底，他終於說了實話。他說：

「當時，有幾位學生家境都很困難，都有過由我先付學費的事。當時我的經濟情況也不容許，只能做到先幫你們付，未來再慢慢還我，因為我也要養家活口。

「我從大陸來台，看過抗戰時期慘絕人寰的災難。最後一班車開走時，有人握著欄杆，不久就掉落摔死；最後一班渡輪也有人攀著船舷，卻還有人緊握住他的手，硬拖著過江。我知道生命是需要愛護的，當我們能握住急難者的手，給他一些協助時，才看到自己活得多有意義。

「你學的是教育，相信將來會成為良師，要多幫助別人。助人不一定用錢財，用愛心幫助人是教育工作者的最好方法。我知道你辦得到。」

在我的成長過程中，也許我受到許多生動的愛和啟發，在完成研究所學業之後，便開始了教育和弘揚佛法，以及義務做心理諮商的工作。我的演講場次逐年增加，找我諮商的人也多，我正在實踐我的理念。

一九七三年春天，王老師因病住院，卻交代家人不要打擾我。他說：「他正忙著做許多事，一年有兩百多場演講，有許多人需要他。他知道了會經常來，浪費寶貴時間。」

結果只消半年沒去看望，他就不聲不響離開人間，我們已經沒有機會促膝閒聊，但卻留下令我懷念的師愛，和睿智的人生信念：「愛即是生命的表現。」他當年嚴格管教的那群鄉下孩子，都已長大成人，有的經商，有的當老師，有的是學者，各個都有所成。他多才多藝的教育愛已化作兢兢業業，化作莊嚴的精神力量。

成長的天空

愛能給一個人成長的天空，而教師就是這片天空的賜予者，但也有可能剝奪這片學生心靈世界的天空。

用敵意的態度去對待學生，就會處處發現學生的毛病；若用愛的態度去接近孩子，每一個孩子都值得師長關心，並幫助他們成長。

在禪宗的傳承中，有一則公案說，一位禪僧問師父：

「什麼是道？」

師父抬起頭來看看他說：

「想知道，就跟著我來。」

於是禪僧跟著師父來到長得茂盛的竹林。師父指著一株株直挺挺的竹子說：

「竹子不攀纏糾結，一株株直參天空，這就是道。」

這位師父指出天空是成長的必要條件。只要給孩子天空，孩子就能直挺挺地走向光明的未來，但也要教導孩子依自己的特質，走出自己的天空。

天空是什麼？它就是契機應緣的環境，也就是學習的機會。能給孩子所需要的環境，他就有了成長的空間。如果所給的不是契應孩子所需的，那麼愛之也是枉然。

我們常給了太多孩子不必要的東西，雖然出自一片愛心，但還是一種沒有能力的愛。有時，大人會把愛與欲望相混淆，把自己的理想和目標投射在孩子身上，給予很多指導、環境和訓練，但終究不能發生創意的心智成長。

有對父母處心積慮地為子女設想，把孩子送到美國當小留學生，結果孩子們不但沒有把書念好，反而結伴嬉戲，染上惡習。他們很懊悔當初的決定，但已無力避免，必須去面對更大的難題。不合於孩子心智成長的教育，是沒有意義的。

然而，合不合於孩子心智的成長，卻完全取決於其心智發育的主觀條件；也就是說，對甲具有啟發性的生長環境，未必對乙產生同樣的效果。有時，你看來可能是一種壓力，但如果符合孩子的需要，卻可能反過來成為他心智成長的礪石。

父母師長平常給予較多關懷的孩子，即使對他一時的疏忽，或由於環境不許可而無法滿足其需要，也仍然可能產生正面的影響，對孩子的挫折容忍力，或者對同理心的發展反而有益。因此，只要平常能多關愛孩子，他們就會有很好的調適能力，在逆境中吸收更寶貴的經驗。

有一次我在國語日報社演講，一位母親問我說：「究竟是自願升學班好呢？抑或傳統的班級好？」我的回答是：

「兩種制度都好。作為關心教育的父母，應該認真去了解兩種制度的特色，看看何者適合自己子女，再做選擇。只要符合孩子需要的，就鼓勵他去接受該項選擇，並配合需要幫助他去試探成長。教育的目的是成長，而不是壓賭注。」

為孩子選擇適合他需要的成長環境，就是為他提供一個成長的空間。反之，如果心繫著欲求，抱著一顆野心，是不可能有睿智去選擇適合孩子發展的空間的。

了解與反省

愛本身是人際互動的了解與反省。師長一定是在了解與反省中表現愛，子女或學生也是在了解與反省中接納愛，透過這樣的互動，彼此才有會心，心智才能成長。

人在互相了解中，感到溫馨和值得信賴；在反省中，更能給予對方有能力的愛。培養互相了解與反省的覺察力，是教育上所能給予學生或子女的最寶貴心智特質，但父母和師長必須先行具備，因為它不是用語言來傳遞，而是用態度、氣質和行動來表達的。

了解是需要清醒的思考去發現孩子們的真正需要和現狀；而反省就像船長能用各

種儀器來校正航程一樣。我知道成人所提供的教育，會變得劣質化的原因，正是缺乏了解與反省。有一對父母親在孩子的要脅下，舉辦盛大的生日慶祝會，把大半同學請到餐館去，讓他們盡興地歡樂，且一一接送，各個都有禮物。花錢費精神，為的是滿足一次要脅性的需要。我們不能說父母親沒有愛心，但這種愛是無能的愛，是沒有啟發性的愛。因為缺乏了解與反省，以致父母成為子女要脅的對象，它不但失去教育意義，而且加重了孩子的任性、惡性競爭和要脅。

更值得思考的是，這種情形如果一再縱容它發生，或許教師會認為那是學習正常社交的活動，沒什麼不好，但是家庭經濟情況不好的孩子會怎麼想？另外那一半沒有出席的孩子的感受又是什麼？是一種隔閡、遺棄或敵意；至於參加的另一半或許學習到優越感和小圈圈，而造成班級人際障礙。我知道這樣的教育不但違反教育上的理則，也完全不符合人性的發展，但我知道，這樣的事正在某些學校流行。

有團體活動就需要人際互動的規則。教師要透過了解與反省，協助孩子建立如何辦慶生活動，避免奢華、彼此惡性競爭，而造成家長與孩子的困擾。

教育上了解與反省所產生的愛，所引發的人性光輝，是很令人動容的。有一位國小教師說，他的班上有一位平時沉默寡言的孩子，家庭環境不好，穿著不合身，人際關係不佳，而當班上有物品失竊時，同學們都傳聞是這位沉默不合群的孩子偷的。他既不出面澄清，也找不出具體證據，日子久了，全班同學都認為他就是小偷。

有一天，教室裡又發生了財物失竊事件，眾口鑠金，一口咬定是他偷的。這孩子坐在座位上，低著頭，看起來就像是他偷的。老師問話，他既不否認也不承認，這種現象誤導老師明察秋毫的教導角色，於是，以強硬的口吻命令他站起來。他羞怯地站起來，頭更低了，教師盛氣地命令他：「站出來！快把錢交出來。」那孩子沒有一絲動作，除了儘量把頭縮入兩肩，什麼也沒交出來。老師更生氣了，開始搜書包，翻他的抽屜，而靜悄悄的教室裡，四十幾雙眼睛，在瞪著一位頭低得抬不起來的孩子。

「把口袋翻出來我看。」老師低沉、嚴厲的說著。孩子照做了，口袋裡除了一個大破洞外，什麼也沒有。「把鞋子脫下來，我看看！」教師要察明是否放在鞋底，因為過去曾有過這樣的經驗。孩子脫下鞋子，用一隻腳踏著另一隻腳，好像在掩蓋什麼。老師再一次嚴厲的命令：「把腳移開！」孩子無奈地照辦了。孩子用腳遮掩的不是什麼，而是襪子上有一個大破洞。

教師所看到的一切，已令他心碎。他知道自己正鑄下一項錯誤。他請孩子回座，整理好東西，但不知道該向這位沉默的孩子說什麼。後來，錢找到了，是遺失的孩子自己記不得放置的地方，由於同學的澄清，總算把這件竊案釐清。

不過，這位老師卻真正了解了孩子，也反省自己的回應方式。他開始幫助那孩子，給他機會參加班上的活動，給他成功的經驗。這位教師知道一個出身貧窮且單親家庭的孩子，是需要有人關愛的，需要不著痕跡地給予溫暖。他像慈母一般，教他縫口袋，穿著整齊，幫助他克服學習上的問題。一年後的一天，孩子把班上收來的作業簿送到辦公室，老師只單純的一句：「都收齊啦！」孩子自然地回答：「都收齊了！」在他的明眸裡充滿著自信。孩子走了，老師看著活潑的身影遠離視線，看著一年來的改變與成長，也自言自語地說：「他終會收齊的！」

了解與反省，幫助教師完成偉大的教導傑作。

最近，有幾位老師與我討論教育，他們說：「學校的老師應該是有愛心的，但他們缺乏正面去了解學生，積極支持學生勇於改進和避免錯誤的態度。他們和學生說不到幾句話，自己就鬧起情緒，把學生訓斥了一頓，因此學生並沒有從老師那兒學到什麼。孩子每天到學校，學不到做人做事的基本態度，反倒從教師那兒學到鬧脾氣。」

另一位老師說：「不當的身教要靠自己有覺察力去控制。我不相信教師能做到十全十美，沒有錯誤。但我相信自己必須了解自己，知所反省，願意在學生面前承認一時的疏忽，這顯然有益於學生學會面對錯誤，予以改正。一位有責任感的教師，時時刻刻都能讓學生學到成長的智慧。」

教師也是人，我們不能對教師過分苛求，要他凡事盡善盡美。但他的專業告訴了他，必須了解人和事，要反省思考，對學生做出有益心智成長的回應，而這個回應也能引發教師自己心智的成長。因此，作為一位教師，如果到了屆齡退休，仍然沒有學會自治和自制，沒有愛人的襟懷，那麼他的人生是失敗的，當然也可能耽誤了許多學生的前途和幸福。

開悟的愛

愛是心理世界所綻放出來的光輝，不但照亮自己的精神世界，擴充了人生的視野，同時也是引發別人心智成長，激起共鳴，形成互信互愛的力量。

我深信每一個人都有愛，所不同的是：有些人的愛是有能力的，有些人則否。有能力的愛是積極的，具有建設性，能引發受愛者產生能力，感受到溫暖和啟發。它是一種給予，這正是佛教所謂的布施。反之，沒有能力的愛只是一種要求，希望被愛者照自己的意思去做或表現，那不具有啟發性，在深層心理層面上是帶著佔有或貪婪，甚至在愛的行動背後可能是一種野心。

從觀察中發現，有能力的愛源自開放的自我，無能的愛則來自封閉的自我。封閉的自我，其心理意向是：

我愛你是為了我，
因為你好即是我好。

我只想到我，
壓根兒忘了你。

當一個人的自我是封閉時，他的愛帶有強烈的佔有傾向，不斷要求被愛者照自己的方式或目標去做。許多父母和教師只考慮到自己，而疏於設身處地為孩子著想。結果，對孩子所說的、所做的，都不契合孩子成長的需要，有時反而是一種障礙。

開放的自我其行為特質正好相反。他們在愛的表現上，不是從自我中心出發，更不是從自我防衛著眼，而是從被愛者著眼。其主要意向是：

我愛你是為了你。
因為我知道你的處境和需要，
我知道我是我，你是你，
我愛你成為你自己。

這樣的意向是一種給予，對被愛者而言是有益的，是能啟發他成長，並成為獨立個體的。

曾經有對夫妻為了孩子逃家逃學而找我諮商。在分別晤談之後，我發現孩子承受父母的壓力很大，但是父母卻認為他們對子女一向溫和委婉。於是，我採取深談的方式，引導父親回想如何告誡子女的往事。他說：

「那是國小五年級吧！他成績越來越退步，我看著他給我的成績單說：『孩子！你成績又退步了，要用功才好。你的成績令我在同事面前抬不起頭來，親友子女的成績也都不錯。你要向他們看齊。』我一向很婉轉地鼓勵他，沒有怒罵苛責過。」我事後為他解釋：

「你給孩子的激勵出於愛，這沒有錯。但你這些話，對孩子如何改善讀書方法，加強記憶、分析和推理的能力等，並沒有實質的助益，所以你的愛並不具有能力和啟發性。你所說的話，仔細分析，是為你自己的需要而說的，並不是針對幫助孩子心智成長的需要而說。這樣的愛是沒有什麼意義的。」

這樣的愛就是封閉的，是為了父母或師長本身的立場而說的，它有時甚至是自私的，是一種需索，或者是一種野心。由於無能的愛都源自只考慮自己，不曾開放自己的心去體察別人，所以他的自我是封閉的。

人懷著一顆封閉的心，便普遍有著自我中心和不安的傾向，有較高的情緒性反應和敵意。由於他所想的都是自己，所以挫折容忍力差，人際互動的視野狹隘，不如己意時就容易產生衝突，而且在處理紛繁的事物上，容易受挫。

開放的自我則能使一個人不斷地開悟，看出新的希望、視野和創意。他的愛具有啟發性和溫馨，我稱它叫開悟的愛，其特質是經驗的開放、同理心強和具有良好生活的實現性。

經驗的開放

每個人都活在經驗世界裡，過去經歷的種種事件，無論是知識、推理、思考、價值、情感等，都存積在心理世界。經驗是解決問題的工具，特別是面對相似情境時，總是從心理世界中調出檔案來看看是否合用，有些人甚至不假思索地直接予以套用。

因此，當一個人的經驗資料匱乏時，便會顯得無能，視野狹隘。另一方面，如果經驗沒有經過思考的消化過程，便會堆積成心理的過濾網，許多新的資訊不能進入心理世界，因此無法充分了解眼前面臨的情境和問題所在，以致認識不清，反應錯誤。

從諮商經驗中，可以證明許多心理上的問題，是資訊通道被封閉所導致的。他們把許多寶貴的資訊擋在自己經驗所結的濾網之外，少部分能通過濾網的資訊，卻與本有的同質性很高，結果新的、有用的、具有創意的資訊都遺漏了，這就是唯識學上所謂的有漏智。它無法洞視現實生活情況，做出正確的回應並解決問題。

另一方面，當一個人受到較多挫敗、傷害、凌辱時，他會用這些經驗組成一個過濾網，而能通過它的、其所能輸入的大部分是憂傷經驗，以及恐懼、不安、消極等資訊。因為他與別人交往時，所得到的感受大抵是消極的，是不安的，這就是憂鬱反應的心理因素。

一個年輕人在成長過程中，如果未能培養出解決問題的能力及較好的情緒習慣，而一味在保護下成長，驟然離開學校，投身於社會，同時面對婚姻的壓力和工作的挑戰時，就容易產生挫敗、無奈和懼怕。最後自己陷入憂鬱不快樂的情境，處處往壞處想，這是有些人心理不健康的原因，它的根本現象就是經驗的封閉。

父母親或教師，常把目光完全投注於學生的課業，而疏於生活適應和多方面能力的培養，僅一味重視升學而不留心情意的陶冶。教導者不允許孩子去嘗試，去多方面學習，而苦苦執著在升學、功利和追求第一的表現上，這也是經驗的封閉。經驗封閉的師長，當然會教出經驗封閉的孩子。

經驗開放的教導者具有開放的視野，一眼就能看出孩子的優點，哪怕是讀、寫、算都不及格的孩子，他們還是能看出其優點，啟發他的潛能，這就是有能力的愛。一位教師看到學生專心做工藝作品，欣賞他靈巧的雙手，便真誠地對他說：

「你的手很靈巧，可以學會好的手藝。」

這孩子雖然讀寫算的成績並不好，但將來會在一技之長中走出自己的一條路。另一位教師看到愛打抱不平的孩子常與同學發生鬥毆，便對他說：

「將來你會成為人民的保母，可以在警界發展；不過要多學習解決問題的能力，避免旁生枝節。」

一位警察告訴我說，老師的這句話給了他新的希望和信心。

經驗一旦開放，就能敞開自己的胸襟，能充分了解、幫助及指導學生，也較少誤會、委屈或壓抑學生。我深信經驗的封閉，是教師或父母的最大缺憾。有一次，一位媽媽打電話向我訴苦說：

「我的孩子參加舞蹈表演，練習時，經常被老師打得手腳青腫，現在他連上學都不肯去，該怎麼辦？我們不敢對老師反映，也不敢向校長報告，我擔心說了比不說更糟，因為老師可能做出不利孩子的反應。」

老師為了教好舞蹈，讓學生有好的表現，愛之深責之切，是可以理解的。但如果只顧練舞而忽略孩子的心理平衡，那麼目光就未免太狹隘了。教師的經驗視野若只看到練舞，而犧牲了更重要的人格發展，這樣的愛不但是封閉的愛，而且是無能的愛。

經驗的開放表示能保持心情的開朗，思考空間的開闊，價值觀念的清明，觀察事物的多面性。教師或父母通常會習慣性地把意義豐富的一件事，看成是很簡單的單獨事例，以致疏忽其教育價值和啟發性；例如學生遲到，總是被認為他是懶散、晚起床或在上學途中貪玩。這也許是對的，但並非每一位學生都如此。有位高中的輔導主任告訴我說，「本校有一位學生經常遲到，次數已累積到可以退學的地步。他一而再的遲到，對於被退學似乎也不在意，學校認為他無可救藥，所以把他交給輔導室。經過幾次交談，在建立信賴關係後，學生同意由輔導主任選擇週六下午陪同回家，這才知道這年輕人每天清晨要五點鐘出發上學。他家住在偏遠的山上，父母務農而家境又貧窮，孩子認為如果因遲到被退學也好，適可打工賺錢，貼補家用。」

同樣有一位高一學生堅決不肯參加樂隊，「因為我不願意在放學後留下來練習。」他總是這樣刻板地回答樂隊指導老師。這件事讓學校相關師長很不諒解，學生也很困擾，後來在導師和他深談後，才發現這孩子一下課就得去打工，因為他的父親中風在家，母親替人幫傭，家裡還有弟妹，入不敷出，必須靠他打工來貼補家用。但他不希望別人知道他的遭遇。

教師不宜把學生犯規、不聽話或叛逆等行為，過於單純化，而是要學習開啟自己的經驗，讓許多訊息進入自己的思考領域，這才能充分了解學生，協助學生解決問題。我認為以下幾個途徑，是促進經驗開啟的方法：

1. 要有豐富的生活經驗。
2. 養成多方面閱讀的習慣。
3. 培養禪定的能力。
4. 培養欣賞生活的態度。
5. 實踐對人與事物的熱愛。

教師要經常充實生活經驗，特別是從學校畢業後，一直在學校任教，若未能參與地區服務、建教合作、社團及宗教活動等，或者缺乏參加學術討論、講習，鮮少參觀各行業的活動及現況，那麼自己的生活經驗和對現代社會之想法便會很薄弱，所思所想所言可能會與社會適應疏離，這就不容易把學生教好。少許的經驗和眼界，當然無法開放自己的心靈，去發現或接納眼前種種有意義的經驗。

農業社會的教師，只要從書本中汲取古人的經驗，就已經算是浩瀚無涯，取之不盡，用之不竭了。但現代的教師如果沒有足夠的生活經驗和資訊，很難引導學生在多元化社會中做良好的適應，特別是在生活教育、生涯探索和協助發展人生態度上，很難有具體的成效。

教師和父母若只把眼光放在學業成績上，他就不容易看出成績比較差的孩子那耀眼的希望。通常，生活經驗較缺乏的教師，視野也較狹窄，他們的共同弱點是看不出孩子的優點和能力。

對於一個新興工業化國家而言，國民必須具備豐富的資訊，才可能適應變遷快速的社會，特別是生產方式、經濟生活、文化與休閒種種，都需要隨時調適。倘若教師缺乏豐富的知識，未能及時閱讀新知，不斷從期刊、雜誌和報紙上汲取知識，那教學將會變得枯燥而生硬，所教所示會與生活應用脫節。因此我鼓勵學校教師組成讀書會，多讀書，多吸收新知。

平靜的禪定能力，可使教師和父母避免因一時憤怒，而對學生做了錯誤的回應。青少年由於生活經驗少，大部分從小被驕縱成習，很少訓練他們為生活負起責任，因此普遍表現出任性，易於受挫，對於經常督導他用功努力的教師和父母，更表現出強烈的敵意或防衛態度。這是因為他們的自我功能尚未強壯。此時，教師和父母更應耐下心來教他們，陪他們度過狂飆的歲月，用愛心來引導他們走出自己的路。

教師和父母越能從欣賞的角度看生活，就越能表現自己的樂觀和活力。它是精神力量的泉源，也是以身教來傳授正確生活態度的最佳途徑。樂觀的教師隨處可看到學生的才幹而給予鼓勵，他知道生活的路無限寬廣，每一個孩子都能走出自己的路；他教孩子了解、接納、欣賞自己，並引導他們認識自己，開展前程。

每一位師長都有一顆開放的心，展現開闊的心量，接納各種經驗而虛懷若谷，這就是謙虛之心，也就是空。具有開放之心的人就有好眼光，處處光明，隨時喜樂，又能引導別人也見光明，觀如來之心。這顆開放的心，需要一段時間的鍛鍊才會呈現出來，正像唐朝藥山禪師所說：「眼睛是有的，只是缺乏鍛鍊。」

有開放的心就能拓展寬廣的視野，經過更多的鍛鍊來汲取經驗，從而孕育豐富的創意，去啟發自己的學生和子女。請別執著在自己的小世界裡，而要打開自己的心，接觸更多的體驗，自然就能看出每一個孩子的潛能、優點和發展的可能性，然後設法幫助他們成長與實現，這就是教師的愛。

同理與互動

一般人總以為教師應該有豐富的同情心，認為它是教師必備的人格特質。但我認為光有同情心是不夠的，因為有時同情心是盲目的，雖然看來很令人動容，表現出愛的態度，但它不具清醒的回應能力，對於孩子的心智成長幫助很少。

同情心是指當孩子憂傷時，便能與他起共鳴；恐懼不安時，你能感同身受；談到心酸處，彼此都是淚人兒。同情固然能使親子或師生的角色距離拉近，形成同一陣線，建立互信互賴的安全感，然而同情往往是一種移情，當師長跟著孩子陷入相同的心境時，其智慧和創意也就發揮不出來。孩子憂傷你也憂傷，這問題不大；他憤怒你也跟著憤怒，問題就會弄得複雜化。

同情心有時像詩一樣的美，但它的缺點是無能；有時看似一種愛，但卻是一種無能或盲目的愛。教育工作者的最大陷阱是一味使用同情，在兒童受委屈時，你使用同情，他會哭得更軟弱，然後完全地依賴你，聽你的話。有時我也發現，大人對孩子使用同情時，往往帶著幾分籠絡，或想爭取孩子的依賴和順從。

教育愛是一種給予，它的本質是啟發孩子的心智成長。同情不能引發孩子思考，啟迪其解決問題的能力，真正澄淨其情緒活動；它像是一個美麗的包裝盒，裡頭裝的都是一些無用的敗絮。

同理心是指師長能夠明理、了解和正確地幫助孩子解決問題，這不意味缺乏情感的交流，而是情與理同時都在幫助孩子學習和適應生活。當師長設身處地為孩子的角色和處境著想，並依照孩子的特質予以必要的協助，令他能了解自己，接納自己，實現自己時，我們就綻放了同理的大愛。

日本才能教育的創始人鈴木鎮一，是最善於運用同理的教育家之一。他說過自己的教導經驗：五歲的禎一，是在嬰兒時得了眼疾，雙目失明。他的雙親希望能為這個必須在黑暗中度過一生的孩子帶來一點光，而這種光只有靠音樂才能獲得，所以請求鈴木鎮一指導他學習小提琴。

但鈴木沒有指導過什麼也看不見的幼童的經驗，所以沒有立即答應。「我必須好好考慮一個星期，請你稍候。只要我有自信做好，我一定會接受你的委託。」那天晚天，鈴木開始思考如何進行教學。他靈機一動說：

「對了！首先我必須先假想自己是個盲人，再來思考這件事。」

他把燈全部關掉，在漆黑中行動、嘗試和思考：看不見小提琴，看不見琴弓，四根絃的位置，用什麼方法教他正確的位置和運弓？於是他回憶思索自己在熟練琴藝之後，即使在黑暗中，照樣能夠清楚地掌握位置。其實，演奏時所依賴的是「直覺」的感覺能力。他說：

「不斷練習而把能力附加身上，我們的生命活動，也是無意識活動的驚人力量，全賴直覺力在進行。因此，我雖然處在看不見上下左右的世界裡，還是能把音樂演奏出來，這是我的新發現。」

於是鈴木接受了禎一，教他學琴。他開始教這位盲童，用同理心去教，設身處地去思考，解決學習上的問題，一點一滴的練習再熟練，而完成一個個優美的動作。他用耐心逐一教下去，克服一個個困難，並懇切要求孩子的父母，要有足夠的耐心把這件事徹底堅持下去。

「為了自己孩子的幸福，田中夫婦非常賣力，而且克服一切困難。不久，大家的辛勞終於結下果實，如同我們所盼望的，為禎一這個孩子的心靈，點燃了一道光。」

教師和父母關愛孩子，就必須具備充分的同理心。從同理心中，我們知道孩子成績沒有考好的原因，願意針對其困難或盲點予以協助，而不是一味的責難，或陪著他沮喪。我常反問請教我的母親說：

「如果你陪孩子購物，付了一百元，孩子只拿到五十元的貨品，你會怎麼教孩子處理這件事？」母親回答說：

「教他找回五十元。」我又問：

「如果商店沒零錢找，你怎麼辦？」

「教他拿足一百元的貨品。」

孩子用一百元的時間、精力和活動去學東西，只學五十分回來，如果你只管責罵，而沒有協助他去把未學會的東西學回來，他不但沒有進步，反而打擊了士氣。學習是會遇到困難的，一定要站在孩子的立場想，看如何幫助他成功的學習。

即使孩子對某些學科實在學不來，也要設身處地找出更多能學會的寶貴知識和技能，用他的時間和能力去學到那些技術。

許多父母只想到為子女好，卻疏於考慮什麼才適合子女的成長。一般最常犯的錯誤是，父母認為好的或該學的東西，便嚴格要求孩子學習，結果造成孩子的厭學和抗拒，進而演變成親子衝突，造成嚴重的困擾。那是因為親子缺乏同理所致。

陳之藩先生是近代中國散文的大師，他寫過一篇〈熊〉的文章，其中有一段談到他在十來歲時，父親總讓他背唐詩。有些詩五、六句都是典故，不容易記，背不來，就遭父親怒目而斥，甚至拳腳交加，挨一頓大打，一個暑假來幾乎天天如此。直到有一天，祖母與全家閒談時，說了一個熊的故事，才使父親的教法改變，陳之藩從此不再因背不出唐詩而挨打了。

這故事的大意是說：東北的熊幾乎就像人一樣，常站著走路。熊最愛吃蜜，有天牠發現樹窟窿裡有蜂蜜，嘗一下是甜的，便捨不得吃，回去把小熊叼來。然而農夫就在這空檔，把蜜挖走，換上糞。大熊再帶著小熊來時，小熊嘗到的是糞，便不吃，大熊就打小熊，強迫牠吃，小熊還是不吃，大熊急起來，就把小熊拍死、扯爛。

等到大熊把小熊一隻隻扯爛後，他自己一嘗，原來並不是蜜。於是大熊重新坐下來，把自己扯爛了的孩子屍體往一處堆砌，牠或許以為重新堆砌在一起，小熊就會活過來。這時候，你會聽到大熊的哭聲。（參見《陳之藩散文集》，遠東圖書出版）

這是很生動的一則故事，出自一位散文大師的同情心和妙筆，在這裡我們把它當作一則寓言故事來談，但不可不體會它在心理學及教育學上的寶貴意義，同時也是為人父母和教師者，所應記取的一則諫誡。

同理心具有積極的教導作用，它能激發有效的鼓勵和溫暖。

我念高中時，家境清寒，為了賺取家用，經常要在清晨四點半起床，把前一天批進來的一百來斤水果，用腳踏車載運到羅東去賣。羅東是個工業城鎮，價格較好，消費量大，我就靠著中間的差價，運氣好的話，一天可賺十元左右。這微薄的利潤，卻要付出艱辛的代價，因為從我家到羅東相距十六公里，賣完水果，折回省立宜蘭中學上課，還有十公里的路程。因為許多變數不易控制，上學遲到便在所難免。

在這辛苦的歲月裡，也有溫馨的經驗。每當我遲到時，站在校門口的如果是孔教官，就會揮揮手要我趕快進教室。有一次，把關的是校長，他不了解我的處境，也沒有問原由，責備我一頓後，罰我站在校門口一小時。當時，我覺得很心酸，也覺得無奈。但在大太陽下罰站，倒讓我想了很多，我安慰自己說：「你已經盡力了，站在這兒應該無愧。」但想起自己所受的委屈，又不禁悲從中來。整個上午，我的心情是沮喪的。中午的時候，打開飯盒正要用餐，有人在我肩膀上輕拍幾下。我回頭看，竟然是孔教官，他對我說：

「還在為早上的事難過嗎？別難過，校長不了解，你就不要介意。其實，你能辦到的事，大人都不見得能辦得到，這是我敬佩你的地方。」

這段話是同情呢？抑或同理？當然是同理心所發出來最令人鼓舞的語言。它像春陽一般溫暖我的心，鼓舞我的士氣。我不再沮喪，早上的罰站霎時化成振作的燃料。

同情的結果，會使人跟著情境走，失去自主性和扭轉性，所以不容易產生懾人心意的教化和啟發效果。因此教師和父母要用同理心，而不是用同情心。

事實上，同理心已包含了同情的共鳴。同理心能在教導學生時，清楚的知道他們的困難和盲點，及時做正確有效，甚至是溫馨或感人的啟發性回應。

禪宗有一則公案很具啟發性，是說有一天夜裡，禪師巡視禪院，發現牆角有一張椅子。禪師知道又有小沙彌翻牆出去蹓躂，於是便站在那兒等著。過一會兒牆外有腳步聲傳來，禪師知道學生要翻牆回來，就把椅子移走，自己彎腰站在那兒。學生翻過牆，便踩著師父的背跳下來。回頭一看，猛然發現自己剛剛踩的竟然是師父，一時驚愕，不知要說什麼而沉寂片刻。禪師溫婉地只說一句：

「夜深天涼，快去加一件衣裳。」

這件事情爾後禪師從未提及，但是禪院裡的每一位禪師都知道，從此再也沒有人翻牆到外頭蹓躂，因為那位沙彌已把自己的過失和感動轉告了大家。

同理心能喚起一個人講理，培養明白事理的態度。有一位教授告訴我說，他讀中學時，校園很大，前門和後門距離很遠，因此住在後門方向的同學，經常翻牆進入學校。有一天，一伙人正翻越圍牆時，正巧新來沒幾天的校長站在那裡，他說：

「等等！我來幫你們開門。要大大方方的進門來，不要翻牆。從今天起，後門延長開放的時間。」

教師和父母講理，孩子就學會講理，同理心是師長和學生共同齊步成長的連動韌帶。我在諮商中發現，目前青少年反叛性越來越強，賭氣不與父母親講話的青少年人數快速增加，我觀察到個中主要的原因是——他們失去了同理心。請留意，師生之間或親子之間，一旦失去同理，他們的溝通和人際關係就會陷於困局。就實務觀察所得，親子失去同理的原因主要包括：

1.不講理，凡事一意孤行。
2.缺乏共同生活經驗和價值觀念。
3.疏於培養責任感。
4.缺乏家庭親密和相屬感。
5.嚴格和苛責的管教態度。
6.虐待和暴力者。

父母親越能與孩子共同參與情趣的活動，合作負起責任，分享彼此間的歡樂和喜悅，就越能表現同理的互動；越肯從孩子的角度來思考如何協助其解決問題或困難，孩子與父母的默契就越好。而同理心是可以培養的，父母師長用同理心對待孩子，孩子也會有好的同理心。所以請注意避免以上所列破壞同理心的陷阱，進而用明理、責任、耐心和尊重來指導孩子。

我們的社會正潛藏著一種危機，那就是彼此之間不講理、不同理。議會討論事情時，是在比誰的聲音大，誰善於使殺手鐧。抗爭成為一種流行的訴求方式，講理者反成為沉默且不受重視的一群。當大家只考慮到自己的意見，而不考慮到他人和整體的需要時，社會文化就出現病態，因為社會提供了現成的錯誤身教，會把下一代教成不明理。當政治人物不停地打鬥叫罵時，全國的孩子正在接受錯誤的教導。

所以，為了長治久安，社會繁榮發展，教師和父母不得不在這個過渡階段，負起修葺補救的教育工作，重視家庭教育和學校教育，注意同理的互動和學習，這是社會文化的根，更是萬年長久之愛。

生活的實現

生命的活力是從生活實現中培養出來的。人要懂得從宇宙大自然中承襲博厚雄渾的力量，也要從實際生活的直覺體驗裡，親嘗個中的喜悅滋味。人如果活著一天，不覺得活著是一種喜悅，那麼活著就沒有什麼價值。

喜悅就是生命的本質，只要活著就應該以歡喜心迎接當天。禪宗有一則公案說，有一天，一位禪僧在野地行走，發現後頭有一隻熊在追他，他拚命往前跑，而橫在前面的竟是一個懸崖，他眼看熊已趕到，只好跳下抓住懸崖下的樹幹，懸在半空中。可是當他往下一看，一隻老虎在咆哮，往上看去，還有一隻老鼠正在咬自己懸命的枝幹。這位禪僧在進退維谷之際，發現身邊崖壁上長了許多野果子，於是他伸手摘取，攀在那兒吃起甜蜜的野果來。

人生也是如此，生活的過程像熊一般窮追著你；未來的情形毫無把握，像虎一般咆哮；病痛的侵害，有如老鼠在啃囓生命的枝幹。但禪者卻告訴我們，要苦中得樂，要天天喜悅地面對生活。

生活不是理論的認知，而是實際的實現；你抱持的是快樂主義也好，實用主義或理想主義也罷，說得條條有理，不如一個老實去實現生活的村夫；富有也好，尊貴也行，只要你生活得不喜悅，都沒什麼價值。其實，人世間有許多邪惡和罪業，是因為失去生活的快樂所造成的。

因此，教育要培養孩子在生活中體驗到快樂，如果父母天天愁容滿面，不能創造天倫之樂，老爺爺的含飴弄孫不見了，親子的笑談和逗趣不見了，家人一起求真求知的好奇心不見了，那麼歌聲不再、幽默不復、親切盡失、歡樂不存，這樣的家庭只能培養出憂鬱多愁的孩子。

至於天天叮嚀功課，一切都由父母安排好的制式生活，孩子們將會失去主動安排時間和自動學習新知的樂趣。生活首重態度，如果師長缺乏自由和主動的態度，孩子必然會變得僵硬和刻板，其自在感和創意也會流失。

我很喜歡初中時一位數學老師，他總是面帶笑容，慢條斯理。遇到難解的習題時，他就在黑板上寫下「不會」二字，然後回頭問我們：「這兩個字要擦掉哪一個？」全班就會不約而同的說：「把『不』擦掉，留下『會』字。」

老師笑嘻嘻的說：「一定要會解答才行。現在不會，過一會兒要會；今天不會，明天一定要會。」這是他的口頭禪。我從他的生活態度中學到一個啟示：天下沒有嚴重到不得了的大事，只要肯去解決就行了。

教師抱著喜悅的心情，容易和學生溝通，建立互信，培養生活情趣，那麼教學將洋溢著樂趣和生動的啟發性。有一位小學老師在上課時，恰好有隻蝴蝶飛進來，大家望著牠看。她靈機一動，提議大家觀察蝴蝶，捉下來做成標本，又到圖書館去查圖鑑，然後引導孩子們從好奇到對蝴蝶的研究。

生活的實現就是知識與情感的伸展。因此，越是嚴肅的老師，越不能引導孩子做活潑的思考；越是重視成績的父母，就越容易失去引導孩子在生活中，直接尋找問題和答案的機會。

孩子在與朋友交往中學會友誼，在生活的試探中學會思考和運作技巧，在與親戚交往中學會人情禮俗，在與家人合作操持家務中學會幹練。不要把讀書當作是心智成長的唯一資源，更重要的是「生活本身才是一本大書」。

過於嚴肅有礙孩子的試探，長期約束會造成拘泥死板。放縱則使孩子失去自制，疏於教導自治和自制，孩子容易因缺乏紀律而鑄成大錯。與孩子一起實現生活，使生活充滿生機、活潑和啟發性，是引導孩子喜歡生活、愛惜人生的重要途徑。這必須是老師能深通優點教學法，才能不斷引導學生從生活中表現亮點，去建構健康的人格。

有能力的愛深遠流長

愛是人類乃至一切有情眾生幸福的來源。它不是愛慾或佔有，而是對生命的尊重、提攜和關懷。在互愛中彼此給對方機會，在互利中彼此得到成長和溫暖。

我曾聽說過一個故事，有一個人來到上帝身邊，上帝告訴他說：「跟我來，我帶你去看看地獄的模樣。」祂帶他到一個房間，裡面有十幾個人，圍著一個裝滿了食物的燉鍋坐著，每一個人手持柄部過長的杓子，無法將食物送入口中，個個面露憂愁饑餓的表情。上帝說：「我再帶你去天堂看看。」祂帶他到另一個房間，布置擺設和剛剛的房間一模一樣，也是十幾個人圍著一個大燉鍋坐著，手持一樣長柄的杓子。不過這房間的每一個人都很愉快，笑聲不絕於耳。這人問上帝：「地獄與天堂有什麼不同？」上帝說：

「你沒有看到嗎？地獄和天堂沒什麼大差別，最大的不同是天堂的人學會了用過長的杓子互相餵哺，所以足食；地獄的人淒苦饑餓，因為他們不肯互相幫助。」

愛是一種互相關懷，彼此互助的過程；父母親必須伸出他的長杓子養育啟發其子女，教師也是一樣，要盡責關懷每一個學生的成長。教育的成敗，端看其國民是否學會互愛，而互愛是從家庭、學校和社會的人際互動中學習的。

如果我們的媒體成天傳輸給孩子的是恨、敵意和互相攻擊，那我們就要陷入圍在燉鍋前餓死的慘劇。這又何其愚蠢呢？如果大人在政治、經濟和社會活動上，所表現的身教是你爭我奪，甚至彼此互毆、仇視對方，那麼可能連燉鍋也要打翻了。那時，即使想要互相餵哺，也會找不到食物，那就更悲慘了。

教育必須建立在愛上，今天家庭、學校和社會所教給孩子的態度，正是明日這社會所呈現的景象。今天不用愛心，明日我們就會陷入嚴重的困境。

無論這社會目前的價值觀念如何分歧，社會結構任他怎麼解組，家庭功能面對何等挑戰，教育工作者都必須義無反顧，要用愛心去教育下一代。我相信只有用愛才能矯治孩子的行為，只有愛才能溫暖他們的心靈，也唯有愛才能啟發他們的心智，所以我請求教師，用你的愛去影響孩子，影響父母和家庭，導正這社會的壞習氣。當然，我也要呼籲學校的經營者——校長，你們心中需要有豐沛的愛，一種有能力的愛，來整合教育資源，領導教師去開拓光明的未來。

教育工作是承先啟後的志業，肩負文化傳承和人性啟迪的使命。教師的一言一行都在影響學生，故不可不認真謹慎。教師的人生意義不是在賺錢糊口，不是只有把課本教完，而是要讓自己有愛，活得喜悅，活得有智慧去啟發學生愛自己、愛人、愛生活、愛自己的國家。教師的愛是深遠流長的，是意義豐富的。作為一位教師，必須面對生涯意義的考驗，特別是在退休，或者自己走到生命終點時，總會回首前塵，驗收自己耕耘的成果。

我與許多退休教師談過教學生涯的感受，發現有些人覺得自己的愛會像種子一樣，不斷開花結果的綿延下去，而有不虛度此生的豐足感受。但也有人在晚年時，覺得空虛，因為他沒有真正地愛過學生，因此迷惘頹廢。我的觀察結果是：越肯去愛學生的教師，他的精神生活越健旺，越充沛。

教育工作者應該珍惜自己的人生使命，把握時機實現教育的大愛，不可蹉跎。南唐李璟皇帝邀法眼文益禪師到皇宮說法，兩人並一起遊後宮；花園景致是美的，粉黛三千是令人眩目的。李璟知道法眼禪師的詩才詩興俱佳，便請他詠詩一首。法眼即興詠詩說：

擁毳對芳叢，由來趣不同，
髮從今日白，花是去年紅；
艷冶隨朝露，馨香逐晚風，
何須待零落，然後始知空。

這首詩在提醒我們，人生各有自己的使命，每個人「由來趣不同」。皇帝要勤政愛民，禪師要慈航普度；當教師的要努力的教導學生，當校長的就要好好經營學校。任何人都要把握時光，完成自己的使命，才不會人生留白，年老的時候慚愧迷惘。

法眼禪師的警惕詩句，很適合教師拿來當座右銘。教師的使命是教導學生，及時展現教育的大愛，這樣才活得有意義、有價值。

3 慧眼識英雄

幫助學生依其根性發展成他自己，是教師最重要的職責。因此，教師的愛表現在慧眼識英雄上，看出每一個孩子的特質，予以啟發、教導和訓練。

教育除了生活必備的共同知識之外，還必須強調個別天賦的培養和啟發。透過個別人格的成熟，讓孩子走出屬於自己的人生，這就是教師愛的本質。

我們不可能把什麼都教給孩子，孩子也不必什麼都會，因為大人也沒有樣樣精通。學校教育一定要提供五育均衡的教學，但並不表示每一個孩子五育都要均優。因此，拿五育均優的學生當大家的模範是過分奢求，甚至沒什麼意義。這還不如重視個別差異，因材施教。

每一個孩子的天賦和潛能都不相同，有些孩子讀寫算的成績表現不理想，但他的手藝很好，就可以依其特長發展成一名工匠，有手好技藝。但是，學校只重視筆試成績，用學科成績衡量成敗，從來不讚美他的長才，甚至把它歸類為低成就，這是違反教育旨趣的。

其實，人只要會一行，對那一行有興趣，肯努力研究發展，就會活得有信心、有意義、有前途，也就不會誤入歧途。今天，有許多青少年徬徨而誤入歧途，都是因為看不出自己是有用的，感受不到自己是有價值的，而這主要的原因是他們的根性沒有被開發出來，沒有得到師長和自己的肯定。

老實說，一般人所需要的知識技能並不多，只需依照自己的根性來發展自己的路就可以了。在《法句譬喻經》裡，佛陀問弟子：

「一捧的水多？抑或海裡的水多？」

佛的弟子回答道：

「海水多。」

佛陀告訴他說：

「一捧之水多。一捧自己手中的水，可以飲用，可以解渴，是你能活用的水。反之，大海的水距離太遠了，你搆不到它，也用不上它。」

因此我們要先教會學生活用自己手中的一捧水，而不是遺棄它，反而去慕想大海的水，那會渴死的，所以教師必須深通「一切現成」的教育智慧。學生不只是來學一些外來的知識，更重要的是根據他現成的因緣予以啟發。禪詩有云：

打起水波，水濺葉，

今夜葉葉都有月。

教師不妨用自己的手，掬一把水，遍灑在每一個學生的心葉上，讓它們都能反映亮光，看出光明。教師要利用生活中的活教材，用師生互動的機緣，隨緣啟發學生，讓他們走出自己的路來。「有伯樂才有千里馬」，每一個孩子都是千里馬，只要教師能慧眼識英雄，個個都會成就其幸福光明的人生，都會走向正途，成為有用的人。

教導的真諦

教導就是幫助一個人去實現自己。畢竟每一個人都不同，因此人生是不能抄襲模仿的。事實上，人生根本模仿不來，也抄襲不來，如果勉強做些東施效顰的事，那不過是對自己的壓抑和背叛，終將落得失敗。

自由開放的社會，需要各種不同的人才，因此，各個學生前程似錦。職業、工作本無貴賤之別，只要符合自己的潛能，都會做得愉快稱心。社會越是自由，越是民主化，這個目標將越容易實現，而教育工作便是要為這理想鋪路。

所以教師的眼光不能老落在學業成績上，讓學生比高下。要放寬視野，看出每一位孩子的優點，給他鼓勵，因勢利導。特別是學科成績較差的孩子，他們一樣是天才，只不過他們的才華不表現在課業上。

我們的故宮博物院收藏了一件國寶叫翠玉白菜。在還沒雕刻前，它是一塊有白有綠、顏色不勻稱的璞玉，那不能算是一塊晶純的白玉或綠玉，其身價平凡。但經過藝術家的雕琢，讓白色和綠色各得其所，顯現成一顆白菜的樣子時，即刻栩栩如生，成為至寶。有位雕刻家便說，「經過審視，我便知道一塊材料該雕成什麼；再經仔細端詳，就決定該如何雕琢。」教師就要像雕刻家一樣，看出學生的特質。

心理學家知道，每一個人的能力、興趣和性向都不相同，所以設計出鑑別能力、興趣和性向的各類測驗或量表，供教師幫助學生了解自己之用。不過，我認為心理測驗只能供參考之用，不能作為決定學生發展的依據。在教學中，教師的觀察和及時的指引，有時比心理測驗更為積極有效。對於一位有經驗、反應敏捷的教師而言，教學是一種藝術，他能綜合判斷，及時給孩子必要的啟發。

有一次，我到警官學校演講，早到半個小時，就和幾位回校進修的警官閒聊起來，我請教他們是什麼因緣使他們選擇警政工作。有一位警官對我說：

「我念中學時愛打抱不平，看不慣就替別人出力，經常與人打架。我是訓導處的常客，因累積犯錯而受重罰。有一天我又到訓導處『報到』之後，我的導師找我談話，在聽完原委之後對我說：『人肯為別人受辱而打一架是很值得敬佩的。不過，你要打抱不平就得學習解決問題的方法，不可光靠拳頭。像你這樣有正義感的人，將來適合去考警官學校，一定是一位稱職的警察。』

「就這樣，我在老師的鼓勵下，幹上警察這一行。對於這份工作，我幹得很起勁，因為我一直抱持著保護善良、維護社會治安的信念。」

一位仗義直言的孩子，可能被老師誤會為惹是生非；一位替人爭一口氣而打架的學生，也可能被視為頑劣暴戾。但在一位別具慧眼的老師眼裡，卻能看出他們的特殊根性，引導他們走向光明之路。

如來的天性

發現孩子的根性，接納他，啟發他，讓他發展為健康的自我，是教育上的關鍵大事。你能教會馬兒賽跑，但不能教會魚兒漫步；你能培養山上紅檜成為好建材，但不能令茶樹成為家具的材料。因此，人能依自己的特性質材去成長，去實現自我的人生，就是實現他的如來了。唐朝澄觀大師說：

如來者如所從來也。

唐朝的馬祖道一禪師，便把發現自我和培養「真實的自我」當作教育目標。事實上這是禪的教育宗旨，可以在許多公案中看出。當馬祖的學生大珠慧海初次求見時，馬祖問他：

「從何處來？」大珠說：

「越州大雲寺來。」馬祖又問：

「來這裡做什麼？」答說：「來求佛法。」馬祖說：

「你放棄自己的寶藏不顧，離家跑來這裡做什麼？我這裡一物也無，求什麼佛法。」慧海便禮拜問道：「什麼是慧海自家寶藏？」馬祖說：

「就是現在問我的這個人便是寶藏，他一切具足，沒有欠缺，用起來非常自在方便，何須向外覓求。」

慧海經過馬祖大師的點醒，便自識本心，有所開悟，很高興地禮謝馬祖。在禪者眼裡，真實的自我就是要如實平常，不要被虛妄牽著鼻子走。人最忌諱的是違反自己的本性。唐朝的趙州初見南泉時，南泉正躺在床上休息。南泉看到年輕的禪僧便問：

「你從哪裡來？」趙州答道：

「從瑞像院來。」南泉又問：

「你曾看到瑞像嗎？」趙州說：

「沒有看到瑞像，只看到躺著的如來。」

南泉聽了他的話大為驚奇，因為這位年輕禪僧已經領悟過禪的宗旨了。談到趙州，還有一段觸及如來的故事。有一次，一位儒生見他，被他的智慧所感動而說：

「你真不愧是一位古佛。」

趙州很技巧地回答他說：

「你也是一位新如來。」

禪的宗旨在於教導一個人去發現自己的如來，這與現代教育的理念是相契的。我認為人不可能活成別人的模樣，而一個不想做真我的人，必然會產生內在的衝突，或者失去清醒的回應能力。我知道心理有疾病的人，通常都肇因於不能接受自我，無法發展自己的潛能。

每一個學生都是一塊寶，等待著教師的指引。如果教師能看出他們的優點，找出行為的亮點，很快就受到鼓勵，而發展光明的特質。

有一位學生家貧而受接濟，他把得到的錢拿來買體面的衣服穿。教師看不過去，予以當面指正。我認為教師的指正是對的，但他還沒有徹底點出學生如來的亮點。首先，我們必須認清，喜歡穿新衣不一定是錯誤的，畢竟穿著邋遢、窮酸模樣總是不好的，而衣著端莊卻常可表現出信心，這也是一種優點，應該被啟發出來。

常常資助清寒學生的謝先生告訴我，在他認助的幾十位經濟困難的青少年中，有一位國中學生成績並不理想。他認助他，同時鼓勵他努力讀書，說：「你總有一科稍微有興趣，就從那一科開始努力好了。我可以替你付補習費，你去試試。」那孩子沉思了半晌，終於勉強說出「英文」兩個字。於是，他幫助他去補習，兩個多月之後，發現英文成績從不及格三級跳到九十分，連老師都跌破眼鏡。

學生的信心提高了，電話中傳來的喜悅令人鼓舞。於是謝先生又鼓勵他：「英文可以如此進步，何不再增加一科試試看。」這孩子就在引導下，成績有了明顯的進步。謝先生是一位企業家，他是明眼人，具足學佛者的愛心，又有慧眼能看出孩子的亮點，設法予以引導。

每一個人都注定要依「如所從來」的本質和條件去成長，一旦脫離自己的本質，就如同捨己之田而耘人之田。因此指導學生心智成長，若不依其本質的條件，等於沒有教導。許多聰慧有愛心的老師，總是像及時雨一樣，給學生智慧的回饋。例如：「我很欣賞你這雙手，真靈巧，能做出精細的作品。」「你能注意到別人的感受，及時給予安慰，人際關係能力很好哦！」「你衣服的顏色配得很柔和，看起來很順眼。」

教師若能看出學生本質上的許多亮點，適時予以回應和鼓勵，那位雙手靈巧的孩子，將來便可能成為精密儀器的裝修工程師或外科醫師；而那位被指出有人際關係才能的孩子，可能在管理上有很大的成就；善於衣服配色的孩子，可能發展服裝事業，成為服裝設計師。

教師可以用一句話抬舉學生一輩子，也可以用一句話打擊學生的一生；就因教師的影響力殊大，所以站在學生面前，要謹慎小心，要心懷慈悲和智慧。

各展長才

當成人把教育看成是讀書時，錯誤就發生了，因為大人們會有意無意地輕視他們、損及他們的信心和尊嚴。在個別晤談中，我發現許多學生在一個學期或學年之中，教師都沒和他談過話，而孩子們的反應是：老師只跟那些成績好的同學講話，親切的眼光只在他們臉上。

教師確實很容易疏忽學業成績較差的學生，因為他們裹足不前，不敢來和教師交談，當然也就失去許多學習和受到鼓勵的機會。因此，教師有必要設計一些活動，讓學業成績較差的孩子，也有一顯身手的機會。

曾經有位國小教師打電話諮詢我，問我該如何幫助一位惹是生非的孩子。她說，這孩子經常惡作劇，拿水彩在同學衣背上偷偷地著了幾種顏色。我問他：「為什麼連續塗上好幾種顏色？」他說：「想多塗幾種顏色，希望能夠綜合掉。」像這樣調皮的孩子該怎麼辦呢？我告訴這位老師說：

「孩子是不該把水彩塗在同學衣服上，這該及時糾正。但妳有沒有發現，『想把顏色綜合掉』是一種創意？妳是自然科的教師，能否引導這孩子設計一些魔術，代替在同學身上做試驗，讓全班一起學習顏色的知識，及化學變化所導致的顏色改變呢？那不是很有意思嗎？」

教學是活的，教師必須引導學生做一些真正活潑性的活動，而任何學生所犯的錯，都可能藏著一些亮點，要用那些亮點，來正面引導他的「心理能量」，走向積極建設性的層面。

每一個孩子都是唯一而獨特的，都具備特有的才華，家長和教師不能輕忽他們的潛能。多年前，我在華藏講堂講經，有一次談到「眾生平等」的話題，說到每一個人都應該接受現成的自己，正念正覺，實現自己的人生；每個人都應該轉動業力，開發自己的潛能，去實現成功的生活。會後，有一位退休的老師對我說：「今天我完全領會眾生平等的道理。這社會若沒有學者固然不會進步，但沒有清道夫一樣活不下去，他們是一樣重要的，在價值體系上一樣尊貴，因此每個人都可以因覺醒而成就如來佛。現在，我有一個經驗想提出來與你分享。

「有一天，我在街上行走，驀然有人叫我『老師！老師！』我回頭看到一位俊壯的年輕人，正熱情快步走過來。他說：『老師！也許你認不得我了，我是某某人。以前常給老師找許多麻煩。』看到他令我憶起往事：他愛爬高，學校沒有一棵樹不爬過的，連教室屋頂的大樑都曾攀過。他和同學打賭，從二樓往下跳，結果下巴撞著自己的膝蓋，受傷滿口出血。也在新教室的樓頂陽台，像走鋼繩一樣表演過特技，是個令我非常擔心的學生。

「我問這位已長得高大的學生在哪裡高就，他俏皮地回說：『我高高在上。我是建造高樓的技術工，站在幾十層樓高鋼架上，把一根根鋼樑焊接上去的技術人員。』「這年輕人信心十足，喜歡自己的工作。我自我反省，也許我教過的學生中，學業成績好的已成為工程師，而不愛讀書的孩子，卻把高聳的大樓建造起來。

「我們當老師的人應當檢討，要珍惜每一位孩子，要看出每一位孩子的才華，幫助他走出自己的路來，這就是眾生平等的道理，也是教育工作者的根本信念。」

從她的經驗回饋裡，我受到啟發和感動，也釐清了人本主義教育的真諦，同時警覺到：如果孩子在成長和學習過程中，沒有被大人珍惜、疼愛和尊重，他們永遠學不會尊重自己，以及尊重別人。而這長期得不到施展潛能的壓抑，和得不到珍愛和自我肯定的挫敗感，便是我們現今諸多社會問題，包括暴力衝突、吸毒、家庭功能解組，乃至普遍心理不夠健康的根本原因。

挫敗是敵意的來源，壓抑是憂鬱的病因，這兩個因素正在對台灣的社會性格施虐。如果教育工作者不去重視它，將會變本加厲地嚴重起來。

珍惜和啟發孩子，是家長和教師的共同職責，它在家庭生活中進行，也在教室和師生互動中進行。這需要正確的人本教育觀念，更需要愛與熱忱。制度本身不能給孩子愛，愛是教師給的。目前有許多教育工作者失去自己主動性的愛，卻把失敗推卸給制度。請不要再依賴別人，要依賴的正是每一個人有愛人的能力，才能教好下一代。

教育是活的。正因為是活的，所以有創意，能突破制度的限制，引導孩子走出自己的道路。每一種制度都有它的積極性，同時也有其消極的限制性。然而人們的錯誤是，把自己缺乏愛所產生的問題，推諉到制度的負面性上，而要求制度改革，結果不斷把制度變來變去，教育仍然沒有起色，因為孩子沒有得到引導和啟發。

我們如果沒有愛心，光靠制度來辦學，教育是不可能成功的。我不是不重視制度的改革，而是在懷疑今天所建構的許多複雜制度，如果沒有愛心，它們能發揮啟發學生、建構其健康的人格、陶冶出他們的自信和責任嗎？教育的制度是要提供彈性活潑的教育機會，讓孩子能得到應有的教育，但是真正能發揮其功能的，卻是老師和父母的愛心。

協助孩子發現自我，走出他自己的路，是教育愛的最高原則。所以，教育的目的是學生，不能為了學校或教師的方便，而做出有害學生的決定。當一所高等學府為維持管理的有效性，而對作弊的學生做出退學處分時，我就不免懷疑，這與教育目標是否背道而馳。

學校提供的教學要嚴，但不能苛。要考慮到學生的需要、學校的設施和教學設計，但應以栽培學生成材為著眼點。

《星雲禪話》一書中有一則公案故事說：佛光禪師所領導的傳燈寺徒眾很多，有一天，甲禪僧稟告禪師說，他想到靈岩念佛道場去學念佛法門。禪師說：

「很好，你去學淨土念佛法門回來，能讓此地佛聲不斷，使道場如蓮華世界。」

接著乙禪師也稟告，想到寶華山去學戒堂戒律，禪師也很歡喜地說：

「很好，你學律回來，能讓大家都具三千威儀，八萬細行，真正成為一個六和僧團。」話剛說完，丙禪師也稟告，學道莫如即身成就，想到西藏學密去。禪師又說：

「很好，你學密回來，影響所及，這裡一定多人當成就金剛不壞身。」

這時，在旁的侍僧很不以為然地說：「老師！你是一代禪師，禪是當初佛陀留下來以心印心的法門，成佛作祖沒有比學道參禪更重要，他們應留下來與你學禪，以期直指人心，明心見性才對，怎可鼓勵他們走呢？」

佛光禪師聽後哈哈大笑說：「我還有你啊！」佛光禪師是很能把握因材施教的，他是真正成就「一切眾生差別智」的大師。

如來的教法就是依學生具有的特質去啟發、教導和培訓。沒有兩個人的根性因緣是一模一樣的，也沒有一個孩子在「轉識成智」的因勢利導中，無法成就光明的生活智慧的。在《華嚴經》如來出現品中說：

如來智平等不二，
隨眾生心行異，
所得智慧各個不同。

這是說教師能依如來的教法，就有平等心去看待不同的孩子，讓他們各自發展出自己的光明視野，各自成就其特有的才華。

我有一位堂叔，在鋸木廠擔任工程師，小時候我很羨慕他的才能。太平山上運下來的原木，經過泡浸之後，便運到鋸木廠切割成各類有用的木材。我總是好奇地問：

「叔叔，你是怎麼切割這偌大的原木的？」

他很有耐性地為我解說，甚至拿一張紙畫給我看，然後很肯定地說：

「作為一位工程師，最重要的是去認識擺在眼前的是一塊什麼木頭，依其大小、材質、形狀等，來判斷它適合切割成什麼建材，要讓每塊木頭適得其所，發揮它最有利的價值。

「永遠要牢記一件事，一塊木頭只能切出一種結果，切下去就改不了了。所以要判斷，要有好眼光，要看得出材質才行。」他沉思了片刻，接著說：

「人也是一樣，要懂得選擇自己適合做什麼，然後往那個方向好好去發展。選擇就是切割，也是一種意志的決定。」

現在想起這位已逝的叔叔，覺得言猶在耳。我在做生涯諮詢時，常常想起他的叮嚀和智慧的眼神。當然，他那自信的語言，對我的人生影響也是很大的。

我相信做一位教師，也必須要有慧眼看出每一位孩子的天賦材質，看出他們的優點，才能協助他們成長出英雄本色來。

英氣與亮點

每個孩子都應該保有他的英氣，自信而活潑，喜歡自己和別人。然而在我的心理諮商經驗中，卻經常發現許多孩子已經喪失了他的英氣，失去主動成長的活力。他們把活力轉換成鬧事和頑劣；把對人與事的主動求知轉移為逃避、徬徨和自我孤立。

孩子失去英氣，明顯的原因是長期的挫敗和受貶抑。這有兩個來源，其一是學業競爭的長期落敗；失敗者的憤世嫉俗、逃避、非理性情緒衝動和心理壓力，使他們陷入心智成長的死胡同。另一個原因是他們看不出自己新的希望和價值。

人最痛苦的事情是「我活著，但不喜歡自己」，最不能忍受的是「我無能，也不曉得該做什麼」。因此教師和父母要注意維護孩子，免於掉落這個使孩子失去英氣的陷阱。

我們總愛孩子學會很多東西，要出人頭地，稍有差錯就於指正，甚至立刻批評。每天所注目的盡是他的缺失，指正時又帶著批評性的傷害，長此以往，孩子心理世界所儲存的資訊，便都是消極和負面的自我觀念，這使一個人變得懼怕、保守和憂鬱。

反之，如果我們把大部分眼光放在孩子的優點和亮點上，那麼孩子既能改正錯誤，又能積極地發展自己的天賦。什是優點和亮點呢？所謂優點是指孩子所表現出來的正確行為或能力，它是積極性的，所以要維護它，重視它，珍惜它。什麼是亮點呢？只要你稍加留意就能發現，孩子做錯了事，並非從頭至尾全無可取，或完全錯誤，那些錯誤行為中的部分正確觀念，就是亮點，要找出亮點來培養，讓它成為正確的行動、觀念和態度。

透過亮點來建立優點，透過優點培養人的英氣、豪氣和自信，是人格教育中重要而有效的方法。這個方法在教學上也稱為優點啟發教學，在心理諮商中，我稱之為「

優點療法」。優點教學的主要原則是：

1. 孩子日常行為一定有許多優點，即使是做錯事，也可以找出亮點來。
2. 幫助孩子從錯誤中找亮點，增強其行為特質及遷移，是培養正確行為的有效方法。
3. 對於優點和亮點的回應，不是灌迷湯似的誇獎，而是說出真實而有價值的行為，並表示肯定與欣賞之意。
4. 要在日常生活中看出優點和亮點，藉以建構其健康積極的自我。
5. 要真實誠摯，不能虛假。

從實際諮商觀察中，很明顯可以看出，一個自我傷害、憂鬱或沮喪的人，其共同點是看不出自己生活的亮點和價值。他凡事覺得自己有錯、不可能解決、沒有希望、對自己不利，而反應出絕望無奈的情緒。這是現代人憂鬱和苦悶的心理現象。事實上，這是由一種錯誤的思考習慣所引起的，它的成因來自青少年之前；也就是說，他早年的學習歷程，並沒有培養出他的英氣和真實的自我。而優點療法就是在幫助一個人學習發現自己的許多亮點和優點，重新建構新的自我和信心，培養其自我功能，建立他的英氣。

人的英氣是在發現及培養優點中建立起來的，每一個優點都包含一組複雜的能力，用以解決問題，所以優點就是能力。在教導中，越多發現學生的亮點，並協助其發展為一套有系統的能力而構成優點，他的自我功能就會隨之增強，在心靈世界形成信心和肯定性的態度。

亮點和優點，總是在成人的功利眼光中消失。野心加上功利，會使父母和教師的目光變得狹隘，失去視野，看不出孩子的優點和亮點。

有一位媽媽對我說，她為自己的孩子感到痛苦，因為他成績差，將來沒有前途；她沮喪絕望，甚至想自殺。聽過她的陳述後，我對她說：

「成績不等於前途；學歷低但肯努力和主動去學習的人，仍然會成功。不喜歡讀書並不表示他不肯學習一技之長。」她回答道：

「有好的學業成績才能出人頭地，我希望他有好成績。」我告訴她，好的學業成績並不是人人都能達到，但如果孩子找個有興趣的事情做，就一定會有好的成績表現。接著我說：

「如果妳的孩子功課突然可以變好，可以考上前三志願，但他必須用健康去抵償所得，用勉強與強迫去換取，或者承受過大壓力而必須做心理治療，妳願意嗎？」她告訴我說：「不願意，當然不願意。」我接著說：

「所以妳對孩子的態度，將決定其未來。要培養孩子主動學習的態度，而不是培養孩子變成一張成績單。一個主動認份的人，即使不在明星學校讀書，仍然會有好的人生和好的事業。所以不要為孩子學業成績不好而沮喪，要看出他的許多優點，而他認份就是優點，人緣好、待人和善也是優點。肯努力的人，即便當一位水電工，月入也並不一定比上班族少；不肯努力的人，大學畢業也可能遊手好閒。人最重要的是要走出自己的路。」

這位母親和我談過話之後，心情寬鬆了許多。

每一個人都有天賦，我們當然不可能讓邏輯智慧型的人變成音樂智慧型的人，或變為身體動覺智慧型的人。而即使是同一種智慧型的人，也會因為興趣和價值觀念的不同，而做許多不同的生涯選擇。也就是說，同樣是喬木，也有不同的出路，有的當建材，有的做成珠寶盆。不同就是不同，不能互相比較高下，貶抑天賦。

教育上最大的憂慮是：把念書當作教育的唯一目標，這使許多不適合在考卷上表現才華的學生，嘗到絕望的敗績，甚至把所有的信心都給砸了，把人生的信念扭曲了。教育的目的是要發現及培養人的才能，依其天賦適性教導，啟發他們的長才，讓他們能在開放自由的社會中，做一個有用的人。

人是不能拿來比較的，比較的結果將貶抑人性的尊嚴，因此我極力主張照顧勞工，尊重他們的貢獻；固然在自由經濟體系下，不同的能力將隨著市場取向而得到不同的報酬，但在教育上則必須培養正確的生活態度：人的尊嚴永遠平等。

尊嚴上的平等，除了社會、政治和經濟制度必須做適當調適外，真正的尊嚴其實源於自我觀念，它是在青少年以前，別人對他看法所凝聚的觀念。因此，教師與家長務必要重視孩子不同的優點，給予肯定和欣賞，這是健康人生的基礎。

有價值的人

每一個孩子都和成人一樣，希望當一個有價值的人，尤其希望別人能肯定自己的價值。因此，對孩子越多肯定和欣賞，他就越有信心，越覺得生活有價值。不過給予肯定和欣賞必須基於真實和誠懇。當孩子感受到師長真誠的賞識時，就像嘗到甜蜜的果子一樣欣喜雀躍。它就是自信心的資糧，是樂觀和活得有意義的酵素，是人類成長和活下去的動力與勇氣。

在同一個班級裡，被冷落和貶抑的孩子，他的內心是憂喪或寂寞的。得不到心理生活的資糧，必然感到饑餓的虛弱，甚至既羨慕別人，又痛恨自己；我知道敵意、暴力乃至自我傷害的心理疾病，就肇因於此。

人要學會互愛，不只是物質的施予，更需要彼此的賞識、肯定和讚美。人是共命的，相互信賴的，也是彼此互補的。教育若不把每個人教好，各得其所，各自覺得有價值，那就是一種失敗，因為那共命和互相依存的和諧關係將被破壞，社會的紛擾和不安就會出現。

佛陀曾說過一則故事：在喜馬拉雅山上有一種鳥叫共命鳥，牠有兩個頭，共用一個身軀。有一天牠來到森林裡，右邊的頭找到一顆鮮美的甜果，卻獨自享用，不讓左邊的頭分享。左邊的頭四處張望，找不到食物，因而心生嫉恨。這時，牠也發現在自己搆得到的地方，有一顆鮮豔的果子，定睛一看原來是毒果。在嫉憤之下，牠狠下心來把它給吃了，結果共命鳥即使不死，也要大病一場。

每個孩子都希望吃到有價值的果子，都希望師長認為他是有用的，或在某一方面是具有能力的。因此，孩子若長期得不到肯定，只看到別人受肯定，最後就會鬧事、逃學、輟學，迷失在電玩裡，或淪為吸毒的自我傷害。

我認為家庭是一隻共命鳥，班級是一隻共命鳥，社會團體乃至國家都是共命鳥。如果教育沒有注意到個人價值的完成，就會對共命鳥構成傷害。所以教師要幫助孩子去認識自己，體驗自己是有價值的，每一個孩子都不相同，每個孩子都要實現自己的價值。所以教師必須具備慧眼，能看出好的特質，肯定他、勉勵他走出自己的路。

在《妙法蓮華經》中，佛陀曾做個比喻，說每一個人都像藥草，都有一定的特質，都是有價值的，不過因天性利鈍不同，必須適性啟發，故云：

觀是眾生諸根利鈍精進懈怠，
隨其所堪而為說法，
種種無量皆令歡喜，快得善利。

在禪的典籍《五燈會元》一書中，也講了類似的故事：有一天文殊菩薩請善財童子去採藥。他說：「把所看到的藥都採回來。」

善財童子遍觀大地，無處不是藥草，便回來稟報說：「每一株都是藥草，從何採起呢？」

文殊說：「看到就採回來。」

於是善財童子信手拈了一株，獻給文殊菩薩。

文殊接過來說：「此藥草亦能殺人，亦能活人。」

每一個學生都具足一種天才，都是有用的。不過如果活不出他的價值，就會鋌而走險，成為毒草。這樣的譬喻實在很發人深省，很能警策每一位教育工作者。

避免偏離的危機

對於當前的教育，任何人都可以說出一籮筐的問題和不滿，同樣可以做出令人案牘勞形的建議。教育行政單位從事許多改革，使出渾身解數，法令修了又改，措施推陳出新，但教育問題仍然存在。

這是否表示過去的努力全然白費，抑或社會的變遷快速，教育的改革永遠不會停止？我深信那是由於後者。佛家所謂：

諸行無常。

環境、文化與經濟生活、消費方式及社會結構隨時在變，因此解決了一個問題便又會有新的問題出現。我們雖不必為層出不窮的問題感到無奈，但也要掌握問題的核心，才有中肯的改革。依我的看法，當前的教育有幾個嚴重的因素干擾它正常發展，必須積極的導正。

導正過度的功利觀念

生活在資本主義社會的人，不可能擺脫功利的觀念，因為功利是資本主義的文化特質之一。交易導致市場取向的社會文化和性格；投資與生產引發利潤的思考；競爭與成長構成活動的推力。如果說，要一個人泯除功利的觀念，無異於脫離現代社會的生活體系，那是極少數的人以特例的方式生存，而不是一般人所應有的生活方式。

人既然生活在功利的價值體系下，教育就不免受到這個價值系統的影響。就像魚不能離水而生活一樣。不過，如果我們過度的功利化，也會像河裡的有機物過多而產生優氧化一樣，那就活不下去了。

家長的觀念來自社會，社會是過度功利的，他們對子女的教育也會是過度功利的。這是當前教育的危機，也是層出不窮的教育問題的根本因素。過度功利，引發揠苗助長的野心和急切，把教育園地裡的孩子給壓垮了。

大家都希望提早起跑，所以還不會玩遊戲便要孩子學習計算和文字，不會與人相處就學習各種才藝。父母親寧可犧牲孩子快樂的童年，也要強迫他學習各種才藝，以為這樣能使孩子出人頭地。許多人提早送孩子去補習，好像不補習就會落後，令人惶惶不安。結果大人彼此之間的較量，讓孩子背負著沉重的負擔；而學習原本是愉快的求知、好奇的探索和心智成長的滿足，如今卻成為孩子們痛苦的掙扎和勉強的學習。

有人主張廢除聯考或升學考試，改用學年成績來分發，認為這樣應該能免除學生升學的壓力。結果，在過度功利及偷跑風氣當道的今日，此制不但無濟於事，而且還會帶來另一種強烈競爭，而且天天都必須為考試分數而擔心、計較。

其實教育上的真正問題是過度的功利觀念，以致失去真正的利益。一位家長說，「我希望孩子將來順利考上明星高中和大學，所以把孩子送到一所明星學校。我相信嚴格、不斷考試和訓練，必能考出好成績。孩子經過兩年的嚴格管教，在學校要求成績只可進不可退，否則要接受體罰的教育之後，卻變得消極和被動，最後竟然逃學、打電玩。我既驚恐又憂心，這是我為何尋求協助的原因。後來，我已不再奢求他考上大學，只求正常、不學壞、不墮落就行了。」這位家長又說：

「在茫然不知所措時，我透過朋友的介紹而求教一位心理學家，幾次面談後，我們夫妻改採開放的教育態度。開放不是放任，而是一種寬廣、不急功近利的胸襟，並實踐專家所提出的建議：

1. 聆聽與接納。
2. 了解與分憂。
3. 對正確的行為給予支持和肯定。
4. 對錯誤的行為給予指導和原諒。

5. 對孩子的未來不存野心。

6. 協助孩子解決生活適應上的難題。

「我們夫妻倆決心陪孩子度過困境，重新學習對待孩子的態度，讓孩子轉到普通學校，不再用自己的高標準來要求孩子。孩子徬徨失望而跑去打撞球時，我陪過他；孩子打電玩時，我也嘗試參與。聆聽傾訴，了解孩子的心情，並予以支持。

「摒除急躁和功利，我們和孩子重新建立親密的關係，沒有野心，也沒有苛責，珍惜生活而不奢求學業，就這樣很平凡地度過高中三年，孩子當然沒有考上大學。

「服兵役期間，他還沒有擺脫灰黯挫折的陰影。我們常去看他，對他表示支持，直到有一天，他對我說不再虛擲光陰，一定要準備重考大學。從那時起他開始振作，次年退伍後，果然如願以償地考上大學。現在他活力十足，自己打工賺錢，對未來充滿自信。」

這則個案指陳了過分功利的不良後果，以及亡羊補牢的正確歷程。在實際諮商經驗中，我發現許多孩子被急功近利的措施給壓垮，像這樣幸運遇到明理的父母者並不多。教育若過度傾向功利，就會付出很大的代價，其直接傷害是：

1. 犧牲教育目的，代之以功利心和手段，不但心智得不到啟發，連生活教育也疏忽了，更遑論全人教育。
2. 孩子長期生活在競爭中，身心俱疲，影響健康。
3. 強制灌輸的教學，讓學生失去主動學習的態度。
4. 失去生活的自在感，和自我實現的啟發。

大人對孩子心懷過高的期許，孩子便會對學習望而卻步。大人把自己的野心投射在孩子身上，他們被迫死讀書，就容易引起逃學和懼學的反應。每年的三、四月，發生拒學現象的學生便會增加，其主要原因是他們懼怕面對聯考，怕得不到好成績，有些拒學的孩子會產生精神官能症，因為長期的胃痛而必須在家休息，或因經常性腹瀉而需要請假休養。

對孩子需求越高，孩子受到的壓力就越大。功利主導下的教育，只重學業成績和升學，而不重視人格成長和個人天賦才華的啟發。然而，教育的目的無非是為了生活，而工作賺錢也是為了生活，如果為升學而犧牲生活教育，為工作而把生活當手段，為賺錢而犧牲生活，那便是嚴重的本末倒置。

不是只為讀書和升學

在我們的社會裡，普遍把教育解釋為讀書，而讀書的目的是考試。我們不問將來學會什麼，而問將來能考取什麼學校；不問你會些什麼，而問你考了幾分。大家以為考取明星學校就等於達到目的。

人們對教育的看法顯得非常形式化，不求實質的心智成長、解決問題的能力和生活適應。然而我不認為學校為顧及學生升學，就必然忽略生活態度和解決問題能力的培養。

有一位國中校長說：「我不認為升學就必然犧牲正常的教育。問題還是出在學校，倘若學校重視生活教育，提醒教師正常教學，設計多方面的活動，隨時留意孩子的身心狀況，教育仍然可以辦得很好。我認為學生只要在國中三年級時認真讀書，學校給予適當的複習，便足以面對升高中的考試。因此，國一和國二有足夠的時間正常教學，啟發其潛能，培養正確的生活態度和習慣。

「教師的專業態度也是一個重要因素；如果把教學當作一種謀生的手段，教育就注定要失敗。教完書就一切了結，教師於心何忍。而校長則必須熱中教育，有教育家的光與熱，才能帶動教師。主動性強的校長必然也能帶動教師的教學情緒。學校不可能無為而治，無為表示放棄與消極。在變遷快速的社會，教育就必須奠基在有效而迅速的回應上；學生需要什麼樣的教導，學校就要及時提供。所以，校長是一位教學的設計者。」

我認為校長把全副精神放在升學上並不難，但是要照顧到學生身心成長及生活適應，就要付出許多心血。教師埋頭苦幹把學生教會考高分也不難，但要具備開放的心，能體察學生的心智狀況，及時予以指導，那就不容易了。

升學掛帥的學校文化，只教會一部分書讀得來的孩子。至於學業成就較低的一群，他們得不到成功的機會，在學校裡被看成是失敗者，而無法在這文化體系中得到肯定，必然產生壓力，進而變成敵意和對立。他們不喜歡自己，當然也不喜歡別人；他們會轉變成自我傷害，如憂鬱、自暴自棄、吸毒乃至自殺。最值得注意的是：一個不愛自己的人，必然也不愛別人；這就是社會不安的原因，是暴力和犯罪等不法行為的來源。

今天，我們的問題是升學的孩子被壓得垮垮的，不升學的孩子也挫折得自暴自棄。難道他們在讀書之外，就沒有才能或稟賦值得我們欣賞和讚美的？沒有值得大家肯定和栽培的優點了嗎？而且我們也不禁要反問：是不是廢除升學制度之後，每一個孩子都可以得到啟發、支持和鼓勵，而發展其潛能呢？當然不見得。說不定屆時連會念書的孩子也不肯念書了。

教育的真正問題是：我們把眼光注視在學業成績和考試一項，而忘了著眼於每一個孩子都有與生俱來的長才。結果，沒有人欣賞讀書以外的特質，只要功課不行就會被遺棄。這話也許說得重了一些，但卻是事實，大部分的家長和教師是這樣做的。

孩子得不到考試成功的經驗，得不到教師的賞識，他覺得自己一文不值，便開始糟蹋自己，甚至敵視別人。教師可別以為「把會讀書的孩子教好就行了」「一班有十個學生成績不錯就心滿意足了」，這是許多教師在交談時說的話。但我要提醒大家，不要得意的太早，你沒有教好的孩子，可能會把你的升學成就完全抵銷。

觀諸社會上許多反社會行為、暴力和吸毒，乃至心理疾病的發生，都要付出很大的社會成本。父母親在孩子小的時候不留意，未來就會有苦果受；教師在學校沒有支持孩子走出自己的路，將來那些未受關愛的孩子便會反過來破壞其他人的努力成果，這就是因果的鎖鏈，不可不慎。

長期在學校得不到肯定的孩子，他們永遠有一種缺憾和不健康的心理狀態。長大之後，便會想尋找一些補償性的行為，諸如暴力、敵意和犯罪，對於社會構成嚴重的損害。特別是在自由開放的社會，補償性的行為越多，對社會的敵意越普遍，就會把社會帶到擾攘不安的境地。近幾年來青少年犯罪人口增加，就是一種警訊。

教育不能再視為是一種讀書和升學的工具，而是要把它看成是對人的啟發和教導。其目的是生活而不是升學；是幸福的督促而不是痛苦的貶抑。每一個孩子都是一塊寶，都有自己的才能，父母和教師都要懂得珍惜，並帶領他走出自己的一條路來。

然而教育雖然不是為了升學，卻並非不能教孩子升學。升學是繼續受教育的條件，是正常教育的一部分，所以我們對於能升學的孩子要輔導其升學；對於不適合升學者，同樣要讓他們得到正確的輔導，得到尊嚴。無論升學與否，每一個孩子的人格都應該得到陶冶而成長，這是教育的本質。

目前，只重視升學而不重視生活調適能力的培養，以及生涯發展的準備，已造成教育上的難題。二〇〇六年大學入學率已經提升到九成，但是升學補習和競爭的情況並未稍減。此外，綜合相關研究調查顯示，時下不少年輕人雖然懷抱夢想，但未能踏實築夢；抱負水準提高，挫折容忍力卻不足；工作穩定性不夠，生涯發展困難；強調個人想法，人際關係能力差；重視個人的自由和感受，自我控制能力不好。這些負面的性格特質，將會嚴重影響他們的未來發展。

教育必須考慮孩子長期發展的基本能力和態度，而不是只有一味的升學和死讀書。教育如果老停留在為升學做準備，那麼學的東西是文字而不是能力。過重的升學壓力和競爭，會使許多孩子受到挫折，他們的英雄本色就不復存在，主動求知、求真的態度也會停滯。

人人都是贏家

每個人在生活上都必須是贏家，這是人生的真諦，幸福的根源，也是教育工作的目標。

事業與工作可以有成敗輸贏，成敗乃兵家常事，人必須學習面對這些輸贏；但生活卻只能贏不能輸，生活輸了就等於否定生活，失去意義。

父母和教師的愛，就是為了保證孩子在生活上活得成功。這誠如精神分析學鼻祖佛洛伊德（Sigmund Freud）所說：「孩子得到豐富的愛，都將發展成為一位巨人。」當然，他們所得到的愛必須是有能力的愛；愚昧無能的愛、溺愛、帶著佔有的私愛，都不可能把孩子陶冶成巨人。有能力的愛給孩子勇氣，引導他們從嘗試和判斷中累積經驗，建立信心，學習對人的了解和合作態度，並從生活、學習和工作中漸漸了解自己，發展前程。

愛給人安全感、親密和溫馨，透過愛的鼓勵和安慰，使人祛除心中的不安，令人有勇氣活下去，能面對各種生活的挑戰。人生本來就是一個辛苦的歷程，順境時新的挑戰隨之而來，問題的難度增加，逆境時就得忍受煎熬。因此，順逆都需要有樂觀的態度和撐得下去的勇氣，而這種勇氣便源自愛。

我曾讀過一段報導，一位老師為了幫助盲生，除了指導他在正常班級上課之外，更利用寒暑假，安排該盲生住在自己的家中，與家裡的孩子們一起學習各種樂器。老師的愛心和耐心，使一位快要失去信心的學生，得到感動和鼓勵，在其黑暗的世界中，看出亮麗的人生。這位盲生念完大學，主修音樂，同樣投入音樂教育的行列。

愛具有很大的啟發性，它所啟發的是人生，所陶冶的是生命的智慧。它不是從認知中得來的，不是從文字語言的學習中記憶來的，它是從身教中感動而來的。教師對於聽話、討人喜歡和成績好的孩子，給予溫馨和鼓勵都很難得了，至於成績低落和生活適應有困難的孩子，若能給予愛心，建立親密之情，那就更難得了。

教育愛是沒有條件的，有條件的愛通常會有偏頗，或者會是無能的愛。身為父母，為了子女的未來，就應該無條件、任勞任怨去承擔，注意子女的教育。至於教師，他是一位專業的工作人員，愛是必備的專業工作能力，不可不打起精神來努力以赴。無論孩子如何，教師都應該義無反顧地堅持這項專業精神。因此，愛通常是含辛茹苦的，對於有愛心的教師，誰都得對他恭敬，他們為了愛學生，連生命都可以犧牲的。例如在健康幼稚園火燒遊覽車的意外事故中，林靜娟教師為了搶救孩子而犧牲自己；在虎頭蜂狂螫郊遊的師生時，陳益興老師為了照顧及拯救學生，犧牲了自己寶貴的生命。《維摩詰經》中說：

菩薩為眾生病病。

菩薩心腸的教育工作者，總是為了解決學生的困難，赴湯蹈火地予以幫助，最後連自己也生病了。

愛是人們最美的品德，因為它沒有條件。沒有條件才可能愛每一位不同的學生，沒有分別心才可能對學業低成就的孩子付出關注並予以啟發。我看過父母親在空難中捨命保護子女，看過父母為子女求學而犧牲調升的機會，也看過父母抱著低能兒，盡心地保護和照顧。

愛是沒有條件的，有條件的愛是一種契約行為，是權利與義務的相對約束。契約建立在條件選擇上，愛沒有選擇和條件。夫妻之愛如果建立在條件上，只要條件喪失，婚姻就無法存續。試想，如果美貌、金錢、地位、體貼等條件存在才有愛的話，那麼愛只不過是需索，它根本不是愛。同樣的，若孩子成績好、長得清秀、態度和藹、聽話，教師才去愛他，那麼這種愛只是欣賞，或者被可愛逗樂了而已，自己根本沒有施予愛。

孩子成績低落時需要教師和父母的協助，是非不能明辨、待人接物不合社會規範、心理生活調適發生困難等等，都需要師長予以教導。如果師長看到他們犯錯而不耐煩教他們，或者只是責備和體罰，而未設法幫助他改正的話，那教育的功能必然不復存在。

如果我們一味責備學生的錯誤，而疏於協助他建立正確的觀念和行為，以為這就是教育的話，那就像醫生責備病人不可以生病，而未予以治病一樣的荒誕。良醫和良師的專業，都建立在沒有條件的愛上，因此教師必須沒有條件地接納學生，施予輔導和訓練。

每一個孩子在教師的指導下，都將成為他自己的贏家。教育不是工廠，在生產線上製造相同規格的產品。教育是藝術，要為每一個孩子「開光點睛」，讓他們除了在一般學業上有所成就外，更要讓他們覺得自己有用、有價值，可以得到別人的尊重。

你懂得開光點睛的民俗嗎？當人們把雕好的神像請回家之後，一定要請一位法師來開光，為神像點睛，那才看得清楚祂的角色，明白是非，分清善惡。教育也是一樣，要用愛來為孩子開光點睛，讓孩子看出自己的優點，尊重別人的角色，知道自己畢竟與別人不同，但自己是有用而值得自愛的。這樣的教育是引導孩子走向自我實現之路的唯一選擇，但必預建立在沒有條件的愛上。

教學的工作是辛苦的，尤其在目前的社會風氣下，更是辛苦。像有些不明理的家長，可能在孩子錯誤的傳述中，對教師有所誤解，因此從電話中傳來一陣責難，甚至威脅恫嚇。有位教師很沉痛地說：

「班上有一位孩子經常夥同校外的青少年打混，我留意他、盯緊他，要他改過自新。令我驚訝的是，有一天孩子的父親用威脅的口吻打電話告訴我說，『我的孩子你少管，惹火了我就對你不利。』天下父母沒有不希望子女能受教的，但竟有這樣的父親。不過，我並不因為這樣而放棄孩子，我一樣疼愛他，畢竟孩子是來學習的，是要成長為一個健全的人而受教育的。」

另外一位教師，為了幫助受過度體罰的孩子，一再與家長溝通，屢次受到家長責罵，說他歪曲事實，把孩子寵壞。由於孩子經常被打得遍體鱗傷，心理調適越來越困難，最後他請民意代表和村里長出來協調，終於獲得解決：孩子有錯需要責罰時，交由教師處理。

沒有條件的愛，使每一個孩子都能得到成長的機會；沒有預設立場的教師，才能發揮有教無類的精神。

學業成績不好，不應該影響孩子其他方面的成長。在大人的眼裡，孩子似乎有許多錯誤行為，應予以糾正；但另一方面，也有許多優異的特質、純真的稟賦值得我們讚許。我們要勤於導正，也要愛惜其優點：

1. 好奇與試探：是求真、求發現的原型，但很容易被誤會為多事、不守規矩。
2. 堅持意見：是維持原則的原型，但會被視為頑固不化、不聽勸導。
3. 打抱不平：是主持正義的原動力，會被誤為多管閒事、惹是生非的行為。
4. 認份緘默：是一種偉大的天賦，是水滴石穿、努力完成工作的動力，但會被看成平庸無奇。
5. 喜愛說笑：是人際潤滑的介質，往往被視為不正經。

6.開放不羈：是寬容心量的基礎，但其表現會被視為沒有教養。

7.直爽：是樂觀的根，但常被視為憨愚。

人的原型特質不勝枚舉，恕我無法一一列出，但要特別說明的是，這些原型特質既可以發展成一種天賦，或者建設性的態度與能力，但也可能受到扭曲而走樣，發展成錯誤、病態或反社會的特質。

無條件的愛，使老師沒有偏見，沒有預設立場，能張開慧眼看出每個孩子的天賦原型，並且指導、支持和鼓勵他們，開展其各種原型特質，成為建設性的生命力量。我把原型特質所包含的積極面稱為亮點，這在我所說的優點療法中，就是要把握這些亮點，鼓舞並引導孩子形成優點，讓每個人都成為自己的贏家。

我們從心理學的研究中發現，每個孩子的才智各不相同。迦納（Howard Gardner）把智慧分為：語文型、邏輯數學型、音樂型、空間型、身體動覺型、人際型、內省型和自然觀察型八種類別。作為一位教育工作者，當然要注意因材施教，但是如果你把人的聰明才智只用這八種來看，那就有些以管窺天了。在一個開放社會裡，行業不斷變遷，需要的才能漸漸增加，許多新的智能將會被激發出來，因此教師必須重視孩子所表現的亮點，不斷建構其才智和健康的行為特質。

這樣看來，愛是偉大的，它是點亮光明人生的火種，是照亮每個孩子心靈世界的陽光。它溫暖了孩子，也給孩子成長和活下去的動力。父母和教師的重要使命就在於愛的給予，但必須是有能力的愛，才能成全每一個孩子的天性，實現其特有的才華。

活出自己的如來

每一個孩子都有他的天賦，他們注定要照「如所從來」的根性特質去成長。只要大人不挑剔，好好引導他們展現潛能，孩子就會喜歡自己的選擇，專注的學習，將來也會樂觀、有趣地工作和生活。

大人常給孩子太多預設，告訴他們什麼是有利可圖的，什麼是沒有前途的工作，天天在貴賤中打量思想，再從高下間批評計較，結果許多孩子一旦無法好好讀書，卻也不願意去工作，這才是斷送孩子的前程。

我們不能用利誘和威脅來使孩子就範。「你好好讀書，將來有好地位、好前程。若不肯用功，將來就去當一名沒出息的工人吧！」這是我們常聽到的大人對孩子的訓勉，但這句話卻隱藏著錯誤的指引。讀書是為了求知、明辨是非、學習解決問題的能力，但如果把讀書當作「書中自有黃金屋」時，讀書的本質就被扭曲了，變成地位和虛榮的象徵，而不是教一個人過成功生活的過程。其次，現代是工業社會，誰能沒有工作？做一名工人是很自然的事，當工人更不是卑微的事，他一樣可以發展一片天地，過成功的人生。佛法的觀點是：

眾生平等。

眾生的因緣不同，所具備的能力不同，各職所司，各有所長，這是理所當然的，因此要得到相同的尊重。在《妙法蓮華經》裡，佛陀說了一段有關教育的經文說：

譬如三千大千世界，
山川谿谷土地，
所生卉花叢林及諸藥草，
一時等澍，其澤普洽
……稱其種性而得成長。

教育有如春風化雨般的，讓花草樹木受到陽光和雨露的滋潤，令其成就自己的根性因緣，走出自己的路來。

生活是平等的，無論你從事什麼行業，決定幸福的因素是「心」，你認為自己的工作不夠體面，那麼當工程師也會自卑；如果你有正確的人生觀，一個小小的職員也能開出幸福生活的花朵。所以教育學家吉諾特（Haim G. Ginott）說：「我們寧可培養一位快樂的清道夫，也不願意培養一位失去人性的博士。」

因此，父母和教師應該要給孩子較多正確的指引和試探，幫助他們學習生活、學習思考、學習工作和待人的基本態度；越是豐富的嘗試，孩子越能從中發現自己的能力。

有關生涯選擇的心理學研究，已清楚指出：每一個人都可以從過去的經驗中，挑選幾種最喜歡或最得意的事，對這些事件加以分析，就能正確掌握自己的性向、興趣和價值觀，這些資料可幫助你選擇適合自己的生涯。這已是生涯輔導上共通的原理，現在把它倒過來思考，便得到一個結果：人如果越有機會多方面嘗試，越有可能接觸到自己喜歡的領域。同時，越多成功的經驗和分享的喜悅，越能促進人的潛能開發。

因此，如果孩子只是一味的死讀書，當然會成為不確知興趣、不明白自己喜歡什麼的人。相對的，如果強制他學很多，令孩子痛苦而沒有喜悅之情，那即使他有某方面的潛能，也會被壓抑下來。

我看到許多父母，把稚齡的兒童一會兒送去學才藝，一會兒送去學外語，強迫他活剝生吞其能力所不能及的東西，這是揠苗助長，往往斷送了孩子以後主動學習的興趣。

人生是一個不斷嘗試和實現的過程，昨日的嘗試是今日發展的素材，今天的經驗是明天新希望的種子。每一個人發展各異，一方面是天生的條件，另一面是後天的發展，教師和父母要在這兩者中，看出指導他們發展的門徑。

教育就是要揭發人的天賦，並予以肯定和啟發，讓孩子能有最符合他需要的發展。每個人都是英雄，但需要有一雙慧眼來看他；人人都像千里馬，但需要有伯樂的賞識，因此教師必須像有經驗的雕塑藝術家一樣，看出每個學生的英雄本色。

鼎鼎有名的經濟學家凱因斯（John Maynard Keynes），本來是學數學的，他的第一本著作是或然率。但他的經濟學老師卻認為他是學經濟的人才。起先凱因斯沒有信心，但他的老師堅信他的才華，後來還自掏腰包給凱因斯一年一百鎊的獎學金，硬把當了兩年公務員的凱因斯給拉回來，讓他在劍橋深攻經濟學。這位影響二十世紀經濟發展的大師級人物，就這樣步上經濟學的舞台。

教育是教導人走自己該走的路，而不是走別人羨慕的路。有些人在事業上成就非凡，但生活得乏味不堪，因為他可能選擇了錯誤的生涯。像每年大學聯考在登記志願時，大部分人考慮的便是功利，而不是志願，甚至選校而不選系。因此我經常提醒年輕人：「做選擇的是你未來要跟它朝夕相處的學術領域，所以要慎重其事。選系時不能用野心來看，要冷眼且真實地去面對它。錯誤的選擇令你苦惱乏味，正確的選擇能讓你振奮，並開展你的人生和事業。」

有一位農夫寫信給物理學大師愛因斯坦（Albert Einstein），請教如何才能使兒子也成為一位傑出的科學家，並說為了向愛氏學習，所以給孩子也取了個相同的名字。愛因斯坦的回信是：「真正有價值的東西，並非從野心或只有責任感產生，而是從對人及事物的愛與熱忱所產生的。」

人必須了解自己，接納自己，從而實現自己，才能活出自己世間法的如來。野心或剽竊別人的目標來當自己的目標，那是愚蠢的。多年前，我讀過一段話，一直沒有忘記，後來竟成為經常拿來勉勵年輕人的話：

我之所以為我是因為生來如此，

你之所以為你是因為生來如此，
那麼我是我，你是你。
假如因為你而我是我，
因為我而你是你，
那麼我不是我，你也不是你。

人不忠於自己的本質，不肯依自己的根性因緣去努力成長，那將會是一種悲哀；教育如果不教孩子忠於自己的本質，無異教給他矛盾的自我，那就不是真愛。愛就是要幫助孩子活出他的如來，因此師長們必須注意以下的觀念。

成功的經驗

對孩子而言，成功的經驗是信心的來源，而成功經驗的最大來源是父母所提供的愛與安全感。父母代表著生活的安全、秩序和理性，當家庭發生破裂，父母經常發生衝突，甚至是在孩子面前吵架互毆時，便會造成毀滅性的不安，那是最嚴重的挫敗經驗，孩子的心智會因此而受到破壞。

其次是孩子在生活中是否嘗到成功的感覺。當師長重視他時，孩子便能感受到成功，因此，並不見得學業成績低落就表示他會失敗，真正的失敗是師長不重視他的存在。

得到重視和肯定的孩子，主動性和信心都會比較好，即使功課不如人，但還是能表現出信心和主動性。他們充滿自信，有安全感，願意在學業之外，嘗試走出自己的一條路。

我念國民小學時，成績一直不好，最主要原因是國語聽不懂，四年級以前我是班上排名倒數第五，到五、六年級才進步到前三分之一左右的名次。我雖然成績差，但受到的母愛是很豐富的，她肯定我是一位聰明可愛的孩子，在言行舉止中常表示出喜歡我。當然，我也覺得自己的生活是成功的，因此信心和主動性都維持得不錯。六年級時有一天，我的級任老師說，「你們要好好努力，不要小看自己，將來你們會有人上大學的。」老師說完這話時，同學們反應出不可能的戲謔聲。而我呢？卻在心中暗暗自許，「我也許就會念大學。」這個念頭至今記憶猶新。後來果然應驗，全班只有我一個人讀到大學，而且念了研究所。

有一次我把這經驗說給內子聽，她說：

「這很不可思議，依當時的名次，怎麼會有讀大學的念頭呢？成績不佳一躍而名列前茅是有可能的，但是在窮鄉僻壤的地方，有這樣的想法是不可思議的。」我說：「可能就是母親給的愛，她給我溫暖，我覺得母親欣賞我，認為我很好、很成功。孩子的成功經驗，是從父母和教師的回應中得知的。」

教育子女，一定要維護他們的信心和成功經驗，要欣賞他們的各種表現，而且要真正的欣賞，不是假惺惺地灌迷湯。這就能給孩子轉敗為勝的力量。

現在人們太注重鼓勵孩子爭勝，卻忘了如何幫助孩子從敗部復活。有時更由於急切，反而會對挫敗的孩子加以指責，那不就落井下石了嗎？

在心理諮商經驗中，我發現許多孩子或年輕人，他們在學時成績很好，但卻不堪一擊。出了校門之後，必須面臨的挑戰不是只有功課，而是種種生活、工作和人際關係的挑戰，因此當自己缺乏信心和主動性時，就會敗下陣來。所以我要呼籲：「在學習過程中，成績不佳不等於失敗，因為他會再站起來，或在別處尋找成功；但如果把信心打垮，他就從此一蹶不振。」

教育工作者必須認清：學生的學業成績有高有低，它只是在學業上比高下，未來的人生發展海闊天空，只要留著信心，總有他崛起的時機。

所以，請不要從學業挫敗中做擴大失敗的消極批評，不要小看班上的無名小卒，不能輕視頑皮鬧事的學生，要維護他們心中的熱與力，幫助他們走出自己的路。

光明之美

每一個孩子都具備與生俱來的活力；這活力無論表現在學業、應對進退、回應生活的挑戰等方面，都顯得美極了。他們好奇、主動和積極，跌下去一定再爬起來，所以很美。教師和父母要懂得欣賞與支持它。

孩子都具足那光明的特質，而它之所以消失的原因，是大人對它的忽略和壓抑。人的光明性在佛學裡稱為毘盧遮那佛性，其意義是大日如來的覺性。簡單的說，它是一個人心中的太陽。教育就是要護持孩子心中的「華光如來」。孩子在長期受到忽略、冷漠、虐待和壓抑之後，他的積極性才會消失。

教師要有慧眼看出孩子心中的光明性，鼓舞他、支持他，讓他施展其潛能。在禪的教誡裡，師父要不斷地引導弟子，發掘深藏在他心中的光明性，有時透過生活中的事物來磨練，有時用比喻來啟發，有時直截了當指陳光明性的重要。唐朝的溈山靈祐，曾經是百丈禪師的侍僧。有一次，天氣很冷，百丈要他撥撥爐中是否還有火。溈山撥了一下說看不見有火。於是百丈就親自去深深一撥，居然撥出火種來，便指給溈山看，他說：

「這不是火嗎？」

溈山在那情境中，看到深深的一撥，發現火種，於焉大悟。你知道溈山禪師究竟悟到什麼嗎？就是心靈深處的火種。

孩子心靈深處都埋藏著火種，它是光與熱的根源。教師要用愛心去深耕易耨，去撥出它積極振作的一面，而不是苛責和辱罵，那是啟發不了光明人生的。後來潙山在教育弟子時，就很重視這個光明面。有一次，他的學生仰山問他：

「什麼是真佛住處？」潙山說：

「以思無思之妙，返思靈燄之無窮。」

當父母和教師能用「無思之思」，也就是不用成見、貪婪、野心之類的成見和執著，來壓垮學生、錯引學生走向迷途時，就能引發學生回照那光明的自性和力量。當前教育的最大毛病是：

1. 以功利的觀點批評學生無能。當師長對學生表示失望時，其消極的人生態度就蔓延開來。
2. 在師生互動中，缺乏人情之美和互相尊重的溫暖，所以人際的自發性漸受壓抑，孤立和寂寞感增加。

3.缺乏啟發學生的優點和亮點，主動性不易展開。

4.生活的歷練不夠，接受挫折的容忍力不足，很容易灰心沮喪。

學生有沒有把書讀好並不是最要緊的，但如果把他的光明性給賠了，那才是教育的大失敗。

如所從來

每一個孩子都注定要完成他自己的人生，因為他們各自帶著不同的潛能、不同的興趣和經驗。心理學家賀蘭（John Holland）於修訂版的興趣量表中，便把人的興趣分成六個組型，它們分別是：

1.實用型：他們傾向於具體、實際及體力的工作，適於處理機器、工具、運動設備等技術性工作。

2.研究型：他們喜歡運用智能和分析能力去做觀察、評量、判斷和推理，以解決問題，也喜歡符號、概念和文字的工作。

3.藝術型：他們傾向於藝術、創造、表達和直覺，是透過文字、動作、聲光色彩來傳達美感和思想。

4.社會型：他們對人關懷、有興趣，具備人際技巧，並能了解、分析、鼓勵及改變人的行為。

5.企業型：他們運用其規劃、領導、語言、組織、安排等能力，以促進政經社會的進步，喜歡銷售、策劃和領導方面的活動。

6.事務型：他們注意細節及事物技能，以便記錄、歸檔及組織資料，有條理且善於計算分析。

賀蘭的興趣量表，已由財團法人大學入學考試中心修訂完成，它透過興趣這種人格特質的測量，協助高一學生選組，以及高三學生選系的參考。當然，也可以作為選擇工作時的重要參考。

近年來由於心理測驗的進步，專業的輔導人員，特別是學校的輔導室，對於學生的興趣、性向和能力，已能具體提供有意義的參考資料，幫助學生選對行，走出自己喜歡的路。

教師必須對各種測驗有所認識，雖然解釋測驗必須由輔導專業教師來做，但教師不可不了解並運用這類專業的工具，來協助學生依自己的本質，開展其光明的未來。

近年來，教育部及縣市廳局辦理各類教師輔導知能進修活動，許多熱心教育、重視學生輔導的教師，已積極投入這方面的進修研習，但仍有許多教師對於新的輔導學識和技巧欠缺認識。為了愛孩子，為了善盡自己的職責，教師應主動進修這方面的新知和技能。

選錯行和走錯路一樣令人茫然。選行業不能用功利的觀點來看，而要重在所選的行業是否符合自己的興趣，是否自己願意，而且能夠投入心血，開展自己的潛能。

生涯與工作

在自由開放的社會裡，教師不能只管教書，而不為學生講解和討論有關工作與行業的知識。孩子能認識越多行業，就越能引發學習的動機，認識工作的價值，從而開展較實際的生涯觀念。

今天的教育，往往給孩子一種「肯讀書就有前途」的模糊觀念，很少從教學內容中，引伸教導孩子實際生活和對工作及職業的認識。人活著就要工作，沒有工作就失去了生活的重心，工作是經濟生活的來源，同時也是心理生活、成就感和歡樂情趣的來源。因此，如果在國民中學時代，不讓孩子開始了解工作和職業，那麼教育必然有所缺失。

在一次演講會裡，我提到認識行業及培養工作態度的重要。一位教師會後對我說，「這在輔導課程是有的，應該由輔導老師來教。」另一位教師則說，「輔導課因為不是升學要考的，所以也不怎麼教，能念一段課文就不錯了。」

其實，教師無論教的是什麼課，都應該抽點時間，和孩子談談各種不同的行業資訊和工作倫理，但這必須教師肯閱讀趨勢性的專著，多看有關的雜誌才行。教師從不斷進修中豐富了自己的眼界，才能打開學生的眼界。

教師是一位專業的工作者，面對的是學生，是要教會他們一些能力，而教科書僅是其中的一部分，不是教學的全部。如果自己缺乏豐富的社會背景知識，教學就會顯得貧瘠而沒有生機。有位教師說：

「我選擇教師這份工作是因為它安定和單純，不需要面對複雜的社會，只要好好準備，把課教好，就盡了本分。」我對他說：

「照你所說，你並沒有盡本分，對教育也低估了。我認為學校即社會，它與社會一樣的複雜。你如果仔細觀察每一個孩子的家庭，那就令你慈悲心大發，因為許多孩子有不同的問題需要你協助和輔導。如果你為孩子的未來著想，你每天所教的、所說的、為他們所做的，能真正對他們的現在和未來有用嗎？教育工作是最複雜的工作，也是最艱鉅的工作。」

教師必須要有使命感，許多孜孜不倦的良師就是認識到「對學生要有交代」的核心問題上。他們自己努力，給學生補充教材，幫助學生認識生活，協助其了解社會狀態。有一位教師說，「我每天的工作都抱持著熱忱和責任，怕對不起自己的工作和人生，怕虧欠教室裡的孩子。」他引用了俄國文豪托爾斯泰（Leo Tolstoy）的話，警惕自己的教學生涯必須豐富而有價值：「就人生而言，最單純最平凡的，同時也是最可怕的。」這話說得對極了。托爾斯泰是在《伊凡・伊里奇之死》一書中揭示了這個人生現象。人越不肯負起責任，好好去活，做一些有價值的工作，那就會像書中的主角，一位法官臨死時那樣的空虛沉痛。書中的名言就是：「伊凡・伊里奇的生活最是單純，且最為平凡，故是最恐怖可怕的。」

教師必須警覺到：自己需要盡些心力，對生活在自由開放社會的青少年，給予豐富的啟發。如果不這樣做，那麼每年從自己手上畢業的學生，他們將會徬徨和迷失。這對於學生和社會都是可怕的，就教師生涯而言，又何嘗不是一種慚愧！

教師必須肯花時間蒐集資料，建立必須而多樣化的的教材。請留意！在薪水袋裡還保留著一個「教學研究費」項目，那數目不少，是一個指標，要受之無愧。教師可以從家庭訪問、學生的輔導和諮商中，直接閱讀許多生活的知識；可從書籍和報紙中獲取新知，可透過進修、研討會、讀書會等活動，不斷地充實自己。

我知道許多校長每年都會買書送給教師，有些學校組織了讀書會，激發教師不斷吸收新知、討論所學；有些學校充分運用社會資源，讓各有所長的家長，協助教師處理各種教學活動。

而校長辦學在觀念上也要有所澄清：校長的愛是否有能力，將影響全校師生。這樣的重任，不可不兢兢業業。如果不盡心去思考、去領導、去引發教師的愛與創意，就有失經營教育的職責。教師能否盡心啟發學生，學校能否運用各項資源，這與能否辦活教育有關。

教師對社會及經濟活動現象所知越多，越容易在教學中無形地教給孩子正確的生活和工作觀念，同時也越有慧眼看出孩子的天賦和興趣，時時支持他們的優點和亮點，給他們信心和尊重，而不再陷入以學業成績取人、以升學為唯一教學指標的錯誤。

英雄本色在哪裡

班上的孩子都是英雄，都值得教師疼愛和尊重。

父母親和教師總對書讀不來的孩子感到失望，而孩子也真的會越來越令他們失望。總以為孩子談了戀愛，功課就必定會垮下來，而如臨大敵地絕望起來。其實，成人的失望才是導致孩子失去英雄本色和克服困難的勇氣和主因。

我不是忽視讀書，也不是鼓勵孩子談戀愛，甚至主張誘導孩子用功，事先勸導青少年避免太早掉入熱戀的情網。不過，人是活的，環境是開放的，他所遭遇到的就無法規避，必須幫助他展現強壯的自我功能，去面對問題，解決問題。

一位父親說，他的孩子在學成績很差，以上學為苦差事，因為聽不懂，作業做不來，考試更令他煩心，因此想輟學，專心工作，讓他很憂心這件事，便帶著孩子來諮商室看我。經過一番交談，我覺得孩子很誠實，是一位認份的好孩子，因此對他說：「孩子！不喜歡讀書不是罪過，你願意去打工，賺到的錢都交父母保管，或貼補家用，這是很難能可貴的。你喜歡繼續工作是好事，但也要養成學習的精神，不斷努力下去，必然會成功。」

幾次融洽的交談後，孩子願意繼續國三未完成的學業，但打工還是繼續下去。在半年之後，他從學校畢業，並負責一家公司送貨的工作。他喜歡自己，看來頗有信心，我知道他會走出自己的路，走出自己的英雄本色。

多年前，一位建設公司的老闆告訴我他的際遇。他高中沒有畢業就輟學，和一群遊手好閒的青少年廝混，後來由於打群架犯了傷害罪，少年法庭定罪後便開始逃亡。他來到一個建築工地，靠打零工過活。一位油漆老闆看他可憐，收他當學徒，開始了他油漆工的生涯。有一天，老闆問他：

「你心中有一塊大石頭，很重的心事，而且很不安。快告訴我，我願意幫你忙。人不免困頓落難，但要走正路，肯承擔，培養豪氣，再站起來。」

於是這位少年把自己的經過說了出來，而老闆真的幫助他，並陪他去投案服刑，定時去看他，鼓勵他。服刑完畢，又回到原來的公司工作。他靠著勤奮努力，從一個油漆工發展成一位建築商。他設法念補校，完成專科學業，前程一片好景。他說：

「老師，你說的沒錯，人可以失敗，可以落難，但不可以沒有豪氣。但這股豪氣是一位油漆公司老闆給我的。」

每一位孩子心中都藏著一位英雄，父母和教師要呵護他，要鼓勵他，不要折損他。要認真嚴格地教孩子，但不要打敗他。要像雕刻師一樣，順著質料來成就他，而不是順著你的野心來勉強他，否則就會被扭曲而弄砸。

每一個人都有才能，都各有其用處，在開放社會中都能適才適所，那才是成功的教育。每個孩子都不同，才能不同，遭遇各異，但都能有所成就，過幸福成功的人生。父母和教師必須深知這種教育契機。

把握當下的教誨

所謂如來，就是如所從來的天賦與後天經驗。教育要根據孩子的特質和生活條件來啟發，也要教化孩子善於把握手中現有的一切，去發揮、去成長、去實現其人生。

有人問我說：

「白手怎麼可能起家?他手中什麼也沒有。」我說:

「怎麼會沒有呢?他的一雙手、體能、思想和勇氣,就是他成功的條件,而且一切具足;只要你肯幹,你的條件已夠好了。」

有一位朋友問我說:

「我的外甥車禍受重傷,鋸掉一條腿,每天哀聲嘆氣的,很想自殺。我能跟他說些什麼好鼓勵他呢?」我說:

「請你告訴他,他還有一雙手、一條腿,還有受過教育的腦袋,可用的資材還多著哪!想著手中有的條件,不要想那已經失去的一條腿。」

禪家所謂把握「當下」,就是把握自己如來這現有的真實,好好努力工作和生活,這能使人無妄、無貪,更能令人振奮,令人提起積極自發的精神。

美國總統艾森豪(Dwight David Eisenhower)小的時候,有一次和家人一起打牌。他手氣不好,每次拿到的都是爛牌,因此不免氣憤抱怨起來。他母親嚴肅地告訴他說:

「孩子！你不懂得打牌。打牌的道理是不管手上握的是好牌還是壞牌，就是要把它打到淋漓盡致。你不能羨慕別人有好牌，也不能抱怨手中的牌不好，要專心地去發揮它。人生也是如此，不如意事十有八九，問題在於努力去運用能用的條件，才能創造新的條件。」

艾森豪在第二次世界大戰時，率領盟軍對德作戰，每當陷入困境危急時，他就想起母親的庭訓，把握現有的條件，做到最好，這便是他克難致勝的哲學。

教孩子喜歡自己，發現自己的優點和亮點，就能引領他拼湊出健康的自我觀念，滋長良好的自我功能。這就是教師和父母的教導妙方，也正是你慧眼識英雄的契機。

4 豪氣決定前途

給孩子財富不如給他豪氣。給孩子好成績和明星學校念，如果要用豪氣去抵償，後果就不堪設想。人活著就要有一股豪氣和活力；它就是挫敗了能再來，倒了能站起來的勁兒。請留意一個事實：留得豪氣在，無處不逢春。

人的學識能力固然重要，豪氣尤有過之，老祖先們便經常叮嚀我們：不怕慢，只怕站。只要能培養那份豪氣，就能在磨練中成長，就能在紛繁的塵世中愈挫愈勇，因此，你當然要教給孩子這種精神力量。

在心理諮商的經驗中，我發現：當一個人失去豪氣時，就振作不起來，工作得過且過，做事不帶勁兒，身心狀況都顯得不健康，遇到困難便一味逃避，真正的困難還沒有來，自己就先倒了。

豪氣真的能影響人的前途和一生的幸福。就一個機構或學校，一個政府或企業而言，如果他們的氣勢是消沉而沒有豪氣的，那就注定要失去鬥志和成長的力量。

每一個人都必須具備豪氣，這是生命力。有了豪氣，就會發揮一種美妙的回應力，器宇發光，主動性強。我深信每一個心理健康的人，都具備這種豪氣，它能扭轉時局，轉敗致勝；能振作弘毅，突破局限；能令人把握自己，保持積極的思想；是生活的光和熱，令人不畏艱難，雄渾有力。我認為教育的首要就是培養人的豪氣，它比學業成績重要得多。

很不幸的是，父母對子女的教育只是膚淺地看到成績，而疏忽了孩子將來長遠的需要和能力。孩子在學校學習，就像要為遠行準備行囊一樣，他們要在人生旅途中，穿過沙漠，越過高山，克服許多紛擾，解決種種問題；需要耐心、體力和智慧，需要藍圖和堅定的毅力，需要與別人合作，共同走向光明的綠洲。但是大人們卻糊塗得只顧著在他們的行囊內，塞進一張張的考卷和成績單。

豪氣是人生的關鍵

在成績單上寫著品學兼優的孩子，未必保有豪氣；而成績不出色的孩子，未必就失去豪氣。所以，優等生不見得贏，成績差的人也未必一定輸。孩子的未來，要看你有沒有培養他們的豪氣。

豐田汽車公司的締造者豐田佐吉，小時候長得瘦弱不健康，因此父親常擔心地說：「這樣的孩子將來怎麼辦？」這句話給他很大的警策，讓他決定要設法找到健康。有一天，他聽說只要到岡崎鎮的一座寺廟去拜拜，虔誠求神，就會有強壯的身體。他決定要前往，毅力和著一股豪氣催促著他。

幾天後的一個晚上，他對父母親說明心意：「我對自己體弱多病感到慚愧，決定憑著自己的能力走到岡崎，求岩津天神賜給我強壯的身體。」父親答應了。次晨，他穿著草鞋帶著飯糰，孤單一個人踏上旅途。他期待將來有一副像父親一樣的好體魄。

但由於體力不夠，走了一整天，飯糰也只剩下一個，往後卻還有三分之一的路程尚未走完，不過他還是打起精神往前走，直到凌晨才到岡崎鎮，住進一家旅館。旅館老闆起先以為他是逃家逃學的孩子，聽了他的解釋後，被他的豪氣和毅力所感動，直讚嘆著：「偉大！偉大！你有這樣的勇氣，不出人頭地是不可能的。」

早上起來，他進廟拜神，祈求神的護祐，還抽了一支上上籤，上面寫著：「什麼樣的孩兒，就做什麼樣的事。」他不畏艱難地努力尋找自己的健康，光憑這股豪氣，就足以使他健康起來。一個肯努力的人，將會不斷成長；一個心志脆弱的人，將永遠站不起來，即使目前手中擁有的，也會慢慢流失。豐田從木匠開始，研究發展而成為發明家，他發明了豐田織布機，這事業就是豐田汽車公司的前身。

每一個大事業後頭，都有一股豪氣；每一位成功者，都帶著豪氣走向光明。而豪氣正是心理學家詹姆斯（William James）所謂的積極堅強的心智。這樣的人格特質，一直是心理學大師們研究的焦點。特別是榮格（Carl Jung）這位瑞士的心理學家和哲人，尤其重視這種心理特質的重要性。他認為，失去豪氣不但會一事無成，而且會導致心理疾病。他將自己的體驗提出來現身說法：

「在少年時代的放學回家途中，我跟同學追逐玩耍，一不小心倒栽蔥地撞倒在土堤前，暈了過去。」等他醒過來時是躺在家裡的床上，頭疼目眩，且直到次日上午疼痛未退。父親要他在家休息一天。又次日，雖然好些，但想到當天的功課困難，就裝著很難過，父親又同意他在家養病。第三天以後就更不想去上學了。父親疼愛他，四處延醫救治，都沒什麼成效，當然也就沒有上學。

有一天，父親和一位朋友在客廳裡閒談，榮格就在隔壁房間躺著養病。他聽到父親長嘆一口氣，對朋友說：「孩子傷重，四處看醫生，把僅有的儲蓄都花光了，我不知道往後的日子該怎麼過。」

榮格聽到父親這段話，即刻把頭抬起來聽個清楚，證明父親說的沒錯。他心想：「天啊！我的病竟然弄到父親走投無路的窘境。我得讓自己的病趕快好起來，要下定決心克服它才行。」

於是當晚便要求父親答應他第二天去上學。不過畢竟臥病太久，無法忍耐整天上學，只好中途回家。但他意志堅定，一再的嘗試，終於又恢復正常上學。事後他回憶道：「從那件事開始，我知道什麼是精神疾病。」

豪氣是從生活中慢慢養成的，它必須有人鼓勵，有機會嘗試，在過去生活中曾經有過成功的經驗和信心。如果豐田的父親既擔心他身體虛弱，又不敢讓他去嘗試，那麼他的豪氣就會被抑制，永遠也孕育不出那股磅礴的氣勢。如果榮格的父親不是既給他愛，又同意他克服自己的難題，那他的豪氣也會枯竭。

愛、希望和一定程度的壓力，加上容許嘗試的機會，是教育上沃腴的成長條件。

我看到一些失去豪氣的人，他們無法接受工作的壓力，自卑情結不斷折騰自己，於是靠著一種壞脾氣在生活，不但折磨自己，也折磨家人。有一位先生，是企業裡的中級主管，卻常常覺得不如意，只要遇到不順心的事，回家就罵小孩、打小狗，在孩子和狗的面前逞威風，發洩自己才知道的怒氣。他太太受不了，和他談判，告訴他如果不去諮商，設法改變自己，她要與他分居，因此他是不得已才來諮商的。

很幸運，經過很長一段時間，他得到極大的改變。他說：「我到今天才能回顧過去的真實面目，我把壞脾氣當豪氣，把憤怒當堅強。一年前，我脆弱極了。」

有些人在失去豪氣時會酗酒，發酒瘋。有人會消極抑鬱，不與別人交往，把自己孤立起來。當然，也有人會鋌而走險，走入不歸路，吸毒而耗盡財富和身心的健康。失去豪氣的人，很想一時扳回面子，投機賭注，沉迷於賭博。有些人乾脆沉迷於色情或無盡的電玩之中，一整天都耗在電玩裡不肯出來。

自殺也是一種豪氣的枯竭。當人覺得空虛或無路可走，沒有力氣對抗種種問題的挑戰時，自然就會走向死亡這條路。不過，這些現象都與一個人的生活背景有關，社會、家庭和自己的心理生活，構成了豪氣的存在條件。因此教育必須重視豪氣，它是個人生命力和幸福的根，也是這個國家強大與否、社會性格和民風是否剛健的根基。

豪氣不是拍胸膛和挽袖子，準備跟別人打架，也不是拿起酒杯互激牛飲，乾了杯卻也乾了體力。這些都是壞脾氣，是生活的邪惡習氣。

豪氣代表一個人的自尊自愛、自我肯定和實現；能積極振作，愈挫愈勇；能容忍許多衝突，從中不斷學習和成長，這力量就是豪氣。豪氣不是考試時寫出來的文字，不是問與答的認知；言語文字不足以強壯豪氣，它必須在生活教育中，一點一滴，一事一物，一經驗長一智地培養起來。宋朝無門和尚說得好：

大道無門，千差有路；
透得此關，乾坤獨步。

培養豪氣不是用刻板的教訓，而是在生活中活活潑潑地引導，從中磨練、啟蒙和省悟，而後才有所得。

培養積極的思想

有積極思想的孩子，無論成績如何，學的是什麼科系或技術，將來做的是什麼事業，他必定會有所成。具積極思想的人不是瞎樂觀，而是一種主動探索和鍥而不捨的態度；他們不怕失敗，知道如何在失敗中汲取新知和經驗。

我喜歡閱讀傳記，主要目的是在了解成功者的性格特質、適應環境及面對難題的基本態度。我發現成功者的共同特點就是積極的思想。我最欣賞的人物就是發明家愛迪生（Thomas Edison），而愛氏的積極思想是從他母親的積極性和照顧中學來的。

愛迪生童年時，曾經是全班成績最差的一個。他之所以能掙脫那個失敗的情結，是因為母親的支持、鼓勵和肯定，終於形成一種豪氣，一種積極思想。他的一生，直到年老，都是積極思想的寫照。他年老時曾經有人問他：

「你一生中最遺憾的痛事，大概是在火車上賣報又做實驗，因起火燃燒而被列車長摑了耳光，令你耳聾這件事吧？」愛迪生卻不假思索地回答說：

「其實，那次事件發生以後不久，我就發現再也聽不到別人對我的冷言冷語和閒言閒語了。」

一個人被掌摑成重傷，從此耳聾，卻能把受傷害當作一種正面的價值來承擔和接納，從而脫離憤怒和仇視，那是一種了不起的積極思想。就是這種特質，值得父母和教師重視，同時也具備這種特質，才能做為表率。

愛迪生的兒子後來當了美國加州州長，他讚嘆父親的積極生活態度時，說起一個故事。有一天，愛迪生在加州西橘城的實驗工廠遭回祿之災，大火正燃燒著工廠，成品、半成品、研究資料都付之一炬。他到處找父親，當他們目光相遇時，老愛迪生站在那兒，被大火照得滿臉通紅，第一句話竟說：

「兒呀！你母親在哪兒？趕緊找她來看，在她有生之年恐怕再也沒機會看到這樣的熊熊大火了。」

次日早晨，小愛迪生陪著父親檢視火災殘景時，父親對他說：

「兒呀！我這輩子犯的許多錯誤，都在這場大火中燒盡了，以後再也不會犯同樣的錯誤。」火災後不到十天，他又發明了留聲機。

積極思想是在身教中培養的，因為它源自摹仿和認同。父母和教師在日常生活中，是否表現得樂觀、振作和主動性，決定這項教育的成敗。我知道有些父母成天消極的批評孩子，不肯讓孩子嘗試新的事物，長此以往，孩子就會變得消極、不振作。

笑一笑，再來一次

我母親常告訴我，「笑一笑，再來一次！」她也常說，「愁眉苦臉是吃死雞子腸的窩囊廢！」有一次，我做生意時被偷了五百元現金，當時五百元等於公務員半個月的薪水，因此我非常難過。她告訴我說：

「學學你父親，牛走失了就到牛群中找回來。再努力就能賺回來。」接著又說：「你父親還有一點值得你學習。有一次他經商失敗，極為落魄，躺在床上說，『賠光了家當，睡都睡不著！』才說完就呼呼大睡，次日就去打零工，這就叫肯打拚！」

積極樂觀的人，比較容易從逆境中獲致成功。然而，哪一種成功的事，不是從困難中掙回來的呢？人要懂得打拚，但也要懂得自我調侃，那才有喜樂和活力。所以要孩子「笑一笑，再來一次！」我曾經讀過一位醫師的札記，他寫道：一位即將被醫師鋸斷雙腿的糖尿病患者，當我掀開覆蓋在他腿上的白布要進行手術時，才發現他竟然在自己的腿上畫了一個笑臉，上面寫著：「笑一笑！醫生！」

人生總免不了要面對沉痛的打擊，失去笑一笑的能力，就等於雪上加霜，在困境中自我折磨。有一位老師打電話告訴我說，「我實在不能接受自己從行政職務中被調下來，頓時既羞慚又憤怒，很想死掉算了。」我讓他有機會傾訴，等他平靜之後便告訴他：「笑一笑，打起精神來！學生們正等著你教會他們。笑一笑！努力下去。」

人是否富有並不重要，重要的是自己是否樂觀進取，活得喜樂幸福。人也不是地位高、權勢大才叫成功，真正成功的生活是精神狀況，能從生活中看出新希望，看出價值和意義，即使在失敗潦倒時也能如此，那才寶貴。因為人生是無常的，一切瞬息萬變，得失成敗都難掌控，沒有學會笑一笑，又怎麼能重生，能捲土重來呢？

雨天站在公車站等車，車子過來時把你的新鞋濺濕，讓你心有不甘，回到家了還生悶氣，那麼你就是傻瓜。為什麼不笑一笑，然後把它洗乾淨呢？這就是心理衛生。人要學會：開懷一笑，笑破愁容。

生活在這壓力大、競爭激烈的現代社會，教師和父母要能以積極開朗的態度協助學生解決問題，這樣才比較能培養健康的身心。

保持銳氣

我發現具積極思想的人，經常可以表現一種銳氣。他精神振作，冷靜專注，這可以從眼神中看得出來。它既是一種精力，又是一種體力；既是一種風采，又是一種態度，誰看了他，就要對他表示尊敬。

一位法官告訴我，在審理竊盜案時，曾訊問被告通常找哪一類人下手。被告說：「精神不佳，囊中有錢的人；他們呆滯恍惚，沒有一點銳氣，是最好下手的對象！」你看，一個沒有銳氣的人，連小偷都要欺負。沒有銳氣就不能展現積極振作的生活，這樣的人注定有許多霉運。身為父母和教師的，你願意讓孩子們倒運嗎？

人在日常生活中總要遭遇難題和挑戰的，這時如果沒有銳氣，就不會有氣勢去克服它。卡內基（Dale Carnegie）說過一則故事：他的朋友經商失敗，走投無路，想東山再起就必須得到銀行的信用貸款。但他走訪幾家銀行，都吃了閉門羹。有一天，他和一家銀行約好時間面談貸款，但心裡卻毫無把握。當他來到銀行時，就在轉角處看到一位斷了雙腿的男人，用滑板滑行且向他打招呼，令他驚訝的是，他的面容快樂，充滿信心。於是他想：一個斷了雙腿的人，尚且能充滿自信和喜樂，我怎麼可以消極而無銳氣呢！頓時他振作起來，鼓起勇氣，信心十足地與經理交談，就這樣銀行貸給他一筆款項，得到東山再起的機會。

每一件事情，都因我們的心情改變而改變，頹廢就失去銳氣，面對的就是厄運。牛頭法融禪師說：

> 一心有滯，
> 諸法不通。

所以我們要避免給孩子注入消極的思想，不過前提是師長們必須先要有積極的銳氣，幫助孩子解決問題，孩子才能學會積極和正面的態度。反之，如果你一味的禁止和批評，既沒有教給他解決問題的能力，又沒有鼓舞他面對挑戰的勇氣，這樣的教育不免差矣！

有一次，一位企業家在聽完演講後對我說：「我肯定你所謂的銳氣和積極思想。我曾失去過銳氣而變得消沉，後來我失而復得。」他又接著說：

「大學畢業後，我家裡賣了塊地給我當資本，開始與人合夥做生意。沒想到不到兩年，經商失敗，走投無路，垂頭喪氣。有一天，在公園裡碰到一位算命先生，他指著樹幹上一拱一伸往上爬的毛毛蟲對我說，『你需要向牠學習。牠沒有蝴蝶飛得快，但比蝶兒爬得高，你缺乏的就是持續力，這就是你改變命運、轉敗為勝的方法。』」

這位企業家把算命先生的話謹記在心。他不斷地訓練自己，打起銳氣，用更多心力去扭轉自己性格上的弱點，成為劍及履及的事業家。老師！教給孩子許多知識，不如教給孩子一種銳氣和積極的生活態度。

別打敗孩子

多年前，當我的孩子還在念國中時，有一天他遞給我一張成績單。我看過又簽了名，一番鼓勵後，就把成績單還給他。他說，「老爸，請你寫一點意見好嗎？老師很樂意聽聽家長的意見。」於是我仔細看了看全班的成績，忽然感想流露筆端，一口氣寫了一頁稿紙，其中的一段是這樣的：

「老師！你和我都懷抱著一顆慈悲之心，我們常以悲智雙運來看教育，並相互期許砥礪。所以，我有一點心頭話，想向你一吐為快。今天的國中教育，如果有許多孩子成績不理想，像那些只考三、四十分以下的孩子，會不會覺得一事無成？長此以往，是否將導致無可彌補的挫敗感和空虛感？將來長大成人之後，會不會有心理上的負作用？我對這樣的教育很擔憂。」

孩子的學業如果長期受到挫折，沒有其他方面可供表現，用以發展其信心與價值感，令他有值得活下去的熱情時，對孩子所產生的負作用殊大。他會喪失自尊，會被剝奪作為一個人應有的那份銳氣與豪氣。所以我要呼籲擔負教育責任的父母和教師，留給孩子們保有豪氣的一片青山，這是教導者的重責大任，也是愛心的最大發揮。

老師要盡力去維護及鼓勵孩子，哪怕只有幾句話，在適當的支持點上，都能產生信心和力量。一位成績不錯但家庭破碎的大孩子，顯得沮喪徬徨，在談話之後我告訴他說：

「《論語》上說：犁牛之子，騂且角，雖欲勿用，山川其捨諸？」這段話經過解釋之後，重新燃起他失去的豪氣，對眼前的生活又賦予新的意義。

有積極思想，有豪氣的孩子，不是他天生就有這種性格特質，而是在生活中經由教導啟發所養成的。邱吉爾（Winston Churchill）童年時，是一個學業低成就的孩子，同班同學都學拉丁文了，他只夠資格讀英文；人家都用希臘文寫詩了，他依然在低能班讀英文。他的父親無法理解孩子究竟怎麼回事，只有一位老師威林頓安慰他說：

「孩子！你一定會奮鬥出一條自己的路來的！」

他受到這位老師的鼓勵，也努力扭轉被奚落的命運。英國史上數一數二的領袖人物邱吉爾，其求學過程並不順利，不是窮，而是成績不佳。最後考入軍校，喜歡歷史，也找回信心。他的前途是當了戰地記者後，勇敢深入前線報導才嶄露頭角的，他很懷念威林頓老師給他的鼓勵。後來有人問他：

「為什麼能寫出膾炙人口的好文章？」他幽默地說：

「因為我多念了幾年的英文。」

任何一個人都會因為有豪氣而成為一位了不起的人物。我們該相信，每個孩子都是天才，問題是我們是否有教育家的胸襟和愛心去鼓勵、支持他們。這也是為什麼我一再強調透過支持優點和亮點，來建構強壯的自我功能的原因。

融入生活的積極思想

學生們所表現的積極或消極態度，與師長的身教有密切的關係。身為師長，在教育子女時，最忌諱的就是表現消極的思想和行為。有一位家長，當鄰居向他告狀，說其子女鬧事時，便不分青紅皂白地把孩子揪出來打一頓給別人看，這對孩子的尊嚴打擊很大；此種消極性的作法會引起孩子的嗔恨。至於一味溺愛，不予管教或不弄清事理，也是一種嚴重的消極行為，對孩子的心智發展同樣極為不利。

在教室或家庭裡，師長經常使用消極的態度和語言，批評社會，憤世嫉俗，經常使用「這社會沒希望」、「這社會沒公理」等消極話語，長此以往，孩子一定會變得消極，而且還會用這些話來當作自己不長進或失敗的藉口。

你的態度和語言直接影響孩子，所以你得學會積極思想，孩子才會有豪氣、有活力，勇於負起責任。因此，如果你要說：「這社會真糜爛！」不如改口說：「這社會雖然有許多問題待解決，但畢竟比以前進步多了。」你的話充滿信心，而且是真實客觀的，孩子也將學會真實和振作。

心理學上所謂的肯定性（assertiveness），事實上也是一種積極思想的表現。肯定性好，就比較能說出真實話，為自己的權利提出合理主張，能肯定回答是與否，對於別人不合理的要求不會屈從，也不致造成憤怒的反應。因此教師要在日常生活中教給學生好的肯定性：

1. 處理學生問題要認清事理，堅持原則。
2. 不可犧牲學生的權益和尊嚴。
3. 態度談吐避免消極語言，尤其是愁眉苦臉、表示放棄的態度等，更要避免。

4.不同意無理取鬧，因為那也是消極的行為。
5.無論事態多嚴重，教師要保持鎮定。

所謂身教是透過父母和教師平常的言語、態度、肢體語言來表達健康的人格和解決問題的能力。身教是主要的教學，而且是活生生的示範和暗示。

踏實自己的前途

前途是一條人生的路，是孩子現在、乃至將來要走的路。教師和父母要幫助他把路基踏得實實的，以免日後鬆垮。人要活得踏實才不會虛浮，不會眼高手低，一路兢兢業業地走出一片好景，這就是豪氣。

有豪氣的人必然踏實，他孜孜不倦；踏實的人一定有豪氣，他步步為營。教育必須能透過種種歷程，培養孩子具有踏實的性格特質。

最沒用的教導方法是直接告訴孩子：「你要學習踏實。」這好像一位窮人，告訴自己要富有，但沒有去工作一樣。在此順便提出一個問題：許多師長們由於長期倚賴直接灌輸一些觀念給學生，把認知視為已產生所需要的能力，這是很危險的事。我們教孩子記下定義，「禮是規規矩矩的態度」，「義是正正當當的行為」，這些語句根本不能產生禮義的行為，它可以當作考試的素材，但不可能培育出道德的行動力量。像這樣直接教訓的教學，有時與需索沒兩樣。大人只不過在需索學生表現期望的行為，自己卻沒有做給他看。

要教會孩子踏實，就得自己在各種教學和批改作業時先踏實；父母要教會子女踏實，就得自己肯踏實的生活和工作。我母親常說，「人做事天在看，子孫也在看。」有一則故事說，一個不肖男子，吃喝嫖賭都來，散盡家財，老父氣死了沒錢埋葬，趁著夜深，他要他兒子一起用繩子把裹好的屍體拖上山丟棄，回頭就走。他兒子蹲著摸黑要解下繩子，男子急著要下山，開口便罵，「你要那繩子幹什麼用？」兒子回答，「將來你死了，這條繩子還可以用。」這故事並不雅，但卻令人錐心。成人所作所為盡是一些爾虞我詐、虛應故事的事，又怎能培養出下一代踏實的豪氣呢？

藍圖不可失真

每一個人的腦子裡都存著一套藍圖，它是生活、思想和行為的指引和作業系統。如果他的藍圖是粗糙的，是失真的，那麼用這套藍圖來生活，就會出現問題。

因此心中這套藍圖，必須經常校正填補，要保持最新而正確的資訊。許多人從學校畢業之後就不再進修，不肯努力充實自己，未能了解真實的社會情形，那麼他的藍圖就會過時，在處理生活問題時難免發生錯誤。

教師如果不能經常進修，不肯努力在實際工作中求真，求研究發展，那麼他的藍圖將會失真，教給孩子的東西也會是錯誤的，或者在教學的工作上是失敗的。

當然，失敗的人所教的錯誤態度、思想和工作方法，也就誤導了學生。身為一位教育工作者，最起碼要真實，要教給學生正確的觀念。

人在無意中會把過去的經驗，未經消化整理，就直接拿來用，所以父母容易僵硬地要求子女照自己的學習方式學習。事實上，孩子學習的事物已經不同，至少他的生活環境已經改變，一味要求照父母過去的方式做，會帶來許多管教上的衝突。

教師對學生的了解就是師生間互動的藍圖。對學生的誤會，特別在學生表示不同意見時，最容易被誤會為多嘴或搗蛋。在教室裡，學生並不很善於表達異議，你要真誠的了解才行，否則你聽不到孩子們寶貴的想法。

不真實的教導是一種邪惡。有位教師為了辦好教學觀摩，他很用心安排，務期表演精采。他說：「各位！當我問到這個題目誰會時，大家要踴躍舉手，會的舉右手，不會的舉左手，我會點會的人起來做答，不會的人儘管放心地舉手。」

他做過摹擬，一切表演得很精采。事後他很驕傲地說給同事聽，好好地炫耀了一番。這種反教育的教學觀摹還是不辦的好，因為它違反了真實。他給學生輸入一個錯誤或失真的藍圖，令他們作假，因此這次觀摹會最大的邪惡是教學生作假。就像學校一看到督學來了，就忙著要學生把參考讀物收起來，等督學走了，又再度拿出來練習。這種陽奉陰違的教育要徹底的革除才行，否則我們守法的習慣永遠培養不起來。

我們所教的內容都確實能符合生活經驗的真實性嗎？父母親強制孩子用功，自己是否也用功呢？老師勉勵學生上進，自己是否也上進呢？所說若不能與所做的配合，所教的若不符合真實，我們將永遠教不會學生說真話，以及守法的豪氣。

認真的習慣

人世間沒有比認真更有益了。認真工作和學習，所得到、所發現的必然很多。認真提升品質產品就會受到信賴，事業得到發展；孩子學會做事認真，細心踏實，不輕易馬虎，便是他一生中，取之不盡、用之不竭的富源。

有一次，我在《天下》雜誌讀到一篇談德國精神的文章，說到我國駐德辦事人員，為了布置室內擺設，向當地某家公司訂購家具。不料當家具送到時，拼整起來都不夠平貼，因此送貨人員央求允許他們重新另送無瑕的家具。由於急用，瑕疵亦非明顯，我國辦事人員便告訴他們不必換新。沒想到西德工作人員卻堅持說：「不行！我們公司的原則是送出去的產品不可以有瑕疵，現在明明有瑕疵，就必須換新的才可以。」不久，他們又送來一套全新的家具。

反觀我們一般人的習慣，你買到有缺陷的產品，送貨人員有時還強詞奪理，讓你非得收下不可。這種習慣是從日常生活中學來的，它很普遍而且夾雜著幾分鴨霸耍賴的氣勢。這樣的態度很令人擔憂；我們並不是不認真，我們認真地掩飾缺點，而不認真於改進。這對於高科技產品的研發和製造，會有致命的障礙。

飛機會因保養不良而失事，你能保證受害的人不是你自己，你的親朋好友，或者你的袍澤？捷運交通系統的建造，如果不是精益求精，災難就會發生。禪家說：「看腳下！」這意思是說，你要認真、細心、警覺，才不會在燈籠熄滅時栽跟斗。

教孩子把實驗室的器材洗得乾乾淨淨，便是一種認真；注意生活中危險細節的檢點，便是認真的最好身教。如果你進到一所學校，看來髒亂無頭緒，這所學校已經提供了錯誤的境教，它每天都在教育孩子馬馬虎虎和沒有條理的思考。

蓄勁就有力量

人必須懂得蓄勁才有力量，有幾分謙虛才能發揮真正的豪氣。須知，剛愎和自我中心的人，是不能結合力量完成大事的。無論是工作或生活，能退才能攻，能伏才能擊，能蓄力才能適時待發。這種內斂的豪氣，真正表現人的心理健康和精神力量，這是教育工作者必須注意涵養沃壯孩子的真本領。

禪宗有一則故事說，無德禪師住持龍虎寺時，有一天弟子們要畫一幅龍虎鬥圖，但幾經重繪，還是表現不出龍與虎的豪氣和雄壯。這時無德禪師正巧從外面回來，弟子們把疑惑向禪師請益。禪師看了說：

「各位要明白的是，龍在攻擊之前，必須把頭向後縮；虎要向上撲時，頭必向下壓低。龍頭向後屈就顯現其衝得快，氣勢強大；虎頭貼得越低，便能躍得越高。」

弟子們高興地照禪師的指點，重繪了一張龍虎爭雄圖，個中豪氣十足。無德禪師隨緣告訴弟子，人要退一步才能衝得更遠；謙卑反省之後，氣勢才會更高，所以寫了一首禪詩說：

手把青秧插滿田，
低頭便見水中天；

身心清淨方為道，
退步原來是向前。

教師要注意培養孩子們的忍耐和寬容，能忍則有豪氣，不能忍往往只是壞脾氣罷了！依我看來，要培養謙沖的豪氣，必須幫助孩子們學習相互了解，透過角色扮演的方法，學習包容和忍耐。

學校裡教師的行為是學生的榜樣，當教師相互攻訐，彼此鬧意見時，學生便會產生矛盾性疏離，他們開始動搖老師所教的一切道德規範，甚至長期培養下來的一些生活價值，都有可能毀於一旦。因此我認為教師必須基於愛的考慮，多多以身作則。

紀律的必要性

生活有紀律的人身心健康，工作有紀律的人效率好，而若沒有紀律，那就注定生活糜爛、縱情於聲色、生活失控，不免造成個人、家庭和社會的困擾。

依我觀察，思想和行為是一套有條理的運作紀律，消極的生活態度，是由一套不當的思考習慣所引導，其特質是放棄和撤守，他們不願意弄清事實，朝建設性的方向而努力，取而代之的是無奈和逃避。這當然與一個人的生活經驗有關，長期受到批評和挫敗的兒童，長大之後能有積極性思考的，便相對減少。

健康的心理生活運作，便是一套健康的紀律；精神生活上的缺陷，往往是某一部分思考紀律的失當，它通常來自童年的經驗和錯誤的教導。

思考沒有條理是學來的，因為他父母親所提供的生活內容，就是紊亂不堪。情緒上的困擾，根本上也是從錯誤的紀律或缺乏紀律中衍生出來的。因此，父母和教師要重視生活的基本紀律，談吐和應對進退之間，要能給予孩子許多無言的身教。

教室的班規，學校的校規，乍看是維持秩序的工具，有些人甚至認為教室的規範限制了學生的自由，影響其自發性活動。我認為沒有養成正確的生活紀律，才會失控，甚至失去自由思考的能力。

紀律是一套活生生的行動和思考的回應系統，它是一套工具，也是自我功能的一部分。錯誤和僵化的工具，當然會影響解決問題的能力，但若缺乏紀律，則無異是一種錯亂。教師應重視並陶冶學生良好的生活紀律，務期表現於生活、學習和待人等各方面。最後，孩子的踏實習慣是要長期培養的，教師應該注意以下重點：

1. 不要貶抑孩子的自尊才能培養其面對真實的勇氣。
2. 要注意培養基本生活能力，方能養成認真確實的態度。
3. 鼓勵踏實的行為，並及時予以增強。

踏實所形成的豪氣，就像雄渾的大山，它穩重有力，經得起挫折和考驗。教師們！請透過你的慈愛，培養孩子踏實振作的心理特質。

創意的思考

創意高的人自我功能比較高，因為他有好的解決問題能力，對於日常生活所發生的問題，回應中肯，自信心佳，情緒也比較穩定。創意並不只限於學業上的反應能力，而是包括周遭事物乃至人際互動的回應能力。

固執於某種觀念，經常讓自己停留於刻板思考的人，無論其學識歷練如何，他們的創意思考都會比較差。有一則故事說，一位農莊主人請經理查明農場上一棵大樹的年齡，他說：

「這棵老樹我真喜歡，請你幫我查查樹齡如何？」過了幾天，經理回電話說：

「主人！那棵樹有三百餘年歷史！」主人非常高興，接著問道：

「太感謝你了，你是怎麼查出來的？」經理回答說：

「我是砍下來數的。」

這可能是一則笑話，但生動地表達出人類使用知識而疏於運用創意的現象。我們讓孩子整天讀書，但忘了活生生的生活，甚至為了成績而犧牲身心健康。我們只看到眼前，忘了往後更大而寬廣的視野，這就會失去創意思考。

一位父親指著驢馬的蹄問兒子，「孩子！在驢馬的腳印上寫著很重要的訊息，你去看看，讀給我聽。」兒子走過去看了又看，看不出有文字，回答說：「空空的，沒有寫什麼！」父親指著蹄印對兒子說：

「兒呀！你看！蹄印上告訴我們，已經有兩顆釘子掉落了。如果一直沒有發現，及時補釘上去的話，最後踹就會脫落，驢蹄就會磨壞。等到磨壞之後，我們賴以養家活口、搬運貨物的牲口，就不能為我們做事了。」接著又說：

「書本所教給你的是文字，生活中所面對的，卻是千變萬化的東西。你要學習活的思想，不要只記憶死的文字。」

諸行無常

人之所以需要創意，是因為環境不斷的改變，需要解決的問題層出不窮，因此思想和觀念也要跟著調整。我們不可能用昨日所學，來解決今天新產生的問題。我們需要創意來思考和解決問題，因為「諸行無常」，變化不拘。

人若一直停留在過去的適應方式，必然會失去創新的能力。你不能解決問題，問題就會解決掉你。禪宗有這樣的警語：「成功的同時，也埋下失敗的因子；誕生的喜悅，同時種下死亡的悲哀。」

我們該重視心理學上所謂的適應性退化現象，這是說，當人們發現一種有效的方法解決問題時，那就會成功；不過成功的甜蜜卻往往又牽引著人，習慣性地延用刻板的方法，結果環境改變了，方法不靈了，再度陷入失敗。

一間公司可以在產製研發上有所突破，而使公司大發利市，但若不繼續研發，經過一、二年時間，消費者的需要改變，市場供需變動，公司就會面臨新的困境，所以企業界的共同座右銘是：「求新求變」。

學校也一樣，社會變遷快速，倘若教材、教學方法、對學生的管教態度不做調整，那教育也會是失敗的。父母親在教育子女時，往往停留在他過去年少時的經驗裡，因此觀念不能溝通，價值認知難以澄清，親子之間的代溝於焉產生。

父母和教師要能隨著孩子的成長而調適自己的教導方法，也要隨著社會變遷、生活適應方式的不同，而做教導上的調整。我在教導或教育子女時，就經常提醒自己：

我是第一次做今天的老師或父親，要弄清楚今天有什麼新鮮事，有什麼新點子。

有一次，我和一位國中校長閒談，問題的焦點就是創意。他回憶處分學生的許多生動小故事說：

「我把學校裡最頭痛的人物找來，他犯了過錯，就必須接受處罰。但處罰的方式既不是罰站，也不是責備。我很簡潔地告訴他，今天罰你在我的辦公室待半個小時，那是留校的規定。不過我給了他一篇文章讀。他讀了幾分鐘就開始邊讀邊笑，因為那是一篇有趣又滑稽的文章。讀完之後，我要他做完指定的工作才回家。孩子要走的時候，我對他說，如果你肯上進，我願意借給你一本好書讀，學生便含笑地把書帶回去了。後來，他繼續向我借書，我們變成朋友，他在寫作上有了興趣。

「又有一次，一位犯錯的學生被送到校長室。他常與同學打架，我讓他留校三十分鐘，不過他必須好好把一首歌學會，那首歌是〈媽媽妳也要保重〉。這孩子就在學這首歌之後，有了大轉變。」

對於教學，許多老師的觀念裡只有兩個工具，其一是獎，其二是懲。其實獎與懲的回應是千變萬化的，而只要老師有創意，學生學得多，自然也會學會創意。

創意的歡喜

多年前我擔任國中數學老師，發現學生的數學成績很不理想。起先我和同仁一樣，禁止他們抄襲，可是學生們還是會偷偷作弊，直到有一天一位學生把答案208抄成205時，我有了很大的醒悟。我知道心不在焉的抄襲才是最大的禍源。於是，我在上課時點了幾個人的名字，要他們站起來。我問：

「你們知道我為什麼點你們的名？」

有人尷尬地說：

「因為抄作業。」

我問他們：

「抄數學是對的或是錯的？是好或不好？是該還是不該？請大家想想。」

這時站立的學生都不說話，頭也低垂下來，似乎承認抄作業是錯的，是不該的，是不好的。我又問：

「『抄』這件事，到底有沒有意義，有沒有價值？」

學生們更抬不起頭來了。我接著說：

「各位！請聽清楚，『抄』這件事並不那麼壞。一個人肯去抄就是付出力量，比起不會又不抄的人強很多。抄不是壞事，問題是怎麼抄。」我接著宣布說：

「本班要做個實驗，數學可以抄，不過，不會做的才可以抄。人要有點信心和勇氣，會做的就自己做，用鉛筆寫；實在想不出來的可以抄，但要用原子筆寫。不過在抄完之後，一定要學會，被抄的人要幫助同學弄懂。」

班上抄數學作業的人可以正大光明的抄，合法化了。月考時，班上數學成績也大有進步。後來，我們繼續嘗試抄作文；從抄到摹擬，由摹擬到改寫，由改寫到創作，作文成績也驟然上升，寫作的興趣也培養起來了，更特別的是，孩子們學習的情趣和氣氛也因此而帶動起來。

創意使教師覺得教學有趣，也讓孩子覺得學習生動。創意的思考，帶動孩子歡喜，讓教的人更歡喜。

創意的心理

創意的點子通常來自右腦，因為右腦的功能是直覺的、統整的，是屬於非理性的範疇，與個人的情感世界息息相關。因此如果情緒不好、壓力很大時，就產生不了創意的點子。所以我們不宜用威脅的方式逼迫孩子讀書，也不適合讓孩子過度用功，太強調成績的進退和名次，會讓孩子陷於情緒緊張，思想刻板。

孩子當然要學習專注，努力用功，但生活也要有安全感、有情趣；努力而有歡笑的家庭，孩子比較懂得有效用功，專注能力強，所以看起來比較有豪氣和創意。切忌把孩子壓垮，逼得太緊比不逼還要來得更糟糕。

創意來自想像力，而人的想像力是與生俱來的，任何人都有豐富的想像力。但是父母和教師必須留意：當想像力朝向擔心、壓力或懼怕的方向表現時，想像力就會變成焦慮；而當它朝向一個事實，能以開闊悠閒的態度去接近思考的主題時，閒適神馳的意境便會出現。

適當的用功，加上休閒與運動，有益於學生的創意和專注。反之，過度學習，睡眠減少，加上懼怕考不好的緊張，會導致孩子焦慮的反應。對於培養學生的創意，我建議教師注意：

1. 緊張、壓力和懼怕是創意的殺手，因此要避免威脅性的強迫學習。
2. 多方面的知識和探索有益於創意，因為創意與學習的遷移和類化有關。
3. 教導學生如何有效討論問題，進行腦力激盪，避免討論時的衝突。
4. 努力學習後的休閒及體能活動，有益於發展創意。
5. 好情緒有益於創意的發展，要陶冶學生從文藝及活動中培養好情緒。

創意是令人欣喜的心理活動，當它出現時，你會覺得愉悅無比，這不是創意的結果，而是創意本身。生活調適好和心理衛生佳的人，都比較有好的回應能力和創意。

主動與自動

我們絕不希望孩子只會讀書，不會做事。但是一般人一談到子女，一開口便說誰家的孩子書讀得很好。其實，父母和教師都該看清楚：當孩子有主動性、願意自動自發去讀書、做家事、參加活動，乃至有計畫地安排作息時，他看來就是有活力、有豪氣的。這樣的人，成績如何可以不必計較，但他必定會有個成功的人生。

孩子的主動性與其家庭生活有關。有一位校長告訴我說，如果你想了解孩子的家庭生活，你可以去看看他們早餐吃什麼，便當裡又帶些什麼，就可以知道了。父母親會認真地為孩子準備菜飯，孩子眼睛在看，耳濡目染，也會跟著主動做事，特別是親子能一起合作做家事的，最容易培養兢兢業業的主動態度。

中國人在搬新居時，一定要開伙，而且要從舊居引燃火種帶到新居才算正辦。這種民俗象徵著薪火相傳之意。現代人已很少這麼做，因為大家都用瓦斯爐，無需多此一舉，只要天天都能持續開伙，家庭的溫暖、餐飲活動如常也就夠了。不過，現在有許多家庭並不常開伙，三餐在外隨買隨吃，填飽了肚子，碗筷也不必洗。這看來很方便，但孩子根本沒有機會學習做家事，父母親更沒有行動的示範，彼此之間互助合作的機會也就流失了，這是現代家庭教育的一大隱憂。

當孩子不能從家庭學習到生活所必須的基本能力時，在學業方面的主動性，特別是長期努力和鍥而不捨的持續力，就可能會受到影響。前鋼鐵大王卡內基（Andrew Carnegie）說過：「行動的力量比其他智慧還要重要。」因此父母和教師要協助孩子，培養其自動自發的能力。

激勵的效果

一九一二年美國鋼鐵大王卡內基聘請斯瓦柏（Charles Schwab）為該公司總裁。新任總裁發現有一家鋼鐵廠產量落後，他問廠長問題出在哪裡。廠長說：

「工人懶懶散散的，激不起士氣。」斯瓦柏在日班下班時，問日班領班說：

「你們今天煉多少鋼？」

「六噸！」

斯瓦柏便用粉筆在地上寫了一個很大的「6」字，隨即一語不發地走開。夜班工人接班時，看到地上的大「6」，便好奇地問明原因，日班工人說：

「總裁今天來，問我們煉幾噸鋼，便把我們煉的噸數寫在地上。」

次日早晨，地上的6字已被夜班改寫為7，日班工人看到夜班超越了他們，便認真的做，當天把生產總量推到十噸。

激勵是很有效的一種「主動行為」誘發劑。在班級經營中，有經驗的老師會把學生分成幾組，設計一些競賽，例如查字典比賽、查科學資料比賽、分組做實驗比賽，甚至可以聯合其他班級，做班際比賽。

主動性也可以透過獎勵來誘發，採用代幣或績點，經由累積分數而給予獎狀，這確實能引發行動的強烈動機。不過，對於較大的孩子，未必要採取獎勵，只要你能設計一個持續努力的行動計畫，就會有好的效果。

我的孩子上國一時還會出現錯別字，我對他說：「寫錯別字是人人都有過的經驗，這不必難過，但務必要設法改正過來，否則高中聯考時，國文考卷上的錯別字，可要扣掉好幾分。」

於是我建議道他：「預備一本筆記簿，掛在牆上，專記錯別字。你所有的錯別字不會超過三十個字，只要一發現就把它記下來，一定可以改正的。」這個工作進行了一個學期，錯別字總是不到三十個字，寫錯別字的習慣從此改掉。

教師要幫助學生實踐力行，幫助他們建立「先付出再享受」的習慣；把功課先做好再欣賞電視的實踐規則。孩子功課沒做的原因，都是不懂得延緩報償、先苦後樂的行動妙訣。

嘗試與主動

你越能給孩子嘗試的機會，孩子就越能表現主動的精神。人本來就活在冒險的環境裡，在原始時代，人類已經學會在不停的冒險行動中學習，而在科學昌明的今天，更需要透過嘗試來擴大自己的經驗。

許多父母教給孩子「明哲保身」的觀念，孩子的積極主動性因而受到障礙。成人越保護孩子，一切都替他設想周到，孩子將會表現得更加無能，這就是所謂的溺愛。師長對待孩子，除了維護必要的安全外，也要給他們嘗試的機會。

兩個念高中的孩子，為了買一部新電腦，他們向我建議說，「我們準備依需要買組件，自己拼裝。」我當時不置可否，心裡想著，如果拼裝不起來，或者裝好了不能正常使用，那該怎麼辦？我回到書房，想了想後對內子說：

「我年輕的時候，母親給我許多機會去嘗試，像打工、做生意等等，得到的歷練也很多。現在該輪到我給孩子們機會了。我告訴自己別小看他們，他們辦得到的。即使辦不好，也值得讓他們去嘗試。」

在與內子商量之後，我們同意孩子們的請求。過幾天，一堆東西買回來了，兩人興致勃勃地工作拼裝，但到深夜仍然不能運作。我們不會像有些人一樣，在這個時候說洩氣話，對孩子說，「我就知道你弄不來。」反倒安慰他們休息睡覺。第二天，他們已經設法解決了他們的問題。

教師允許孩子嘗試，孩子就會在危險時顯得更謹慎。一位老師告訴我：「平常調皮的孩子，一進到實驗室，只要你把危險之點解釋得夠清楚，他們便會慎重其事。」

過去，國人透過勇於嘗試和勤奮，締造了今日的經濟成就。現在新的一代，是否能克紹箕裘，繼續努力下去呢？如果以現在的教導方向，那我是有些擔憂，因為我們已漸漸不重視自動自發的嘗試精神了。

歡喜心的陶冶

喜悅是指一個人樂於承擔，樂於接受生活挑戰，能在艱辛中享受幾許欣喜。所謂享受工作的情懷，就是在工作中培養樂趣，在樂趣中孕育工作的活力和創意。喜悅的人顯得明智，其判斷和決策比較清醒，不易發生錯誤和盲點。它同時也是心理平衡的因素，透過它，我們容易得到休息，在情感創傷上容易修補。

歡喜的孩子

人一旦失去喜悅的心情，便出現憂鬱的症狀，它直接影響自我功能，干擾其解決問題的正常運作。因此，教師要注意孩子喜悅心情的培養，它讓孩子心理健康、有活力，以及源源不絕的生命力。喜悅的孩子具備下列特質：

1. 積極進取，主動性和自動自發的特質較高。
2. 願意面對事實，極少有逃避的行為或吸毒。
3. 性格上具有成長傾向，不會採取自我傷害或自殺行為。
4. 有較好的情緒習慣，較少憤怒、攻擊或沮喪等行為。
5. 心情安定持重，不易陷入工作狂或貪婪的習氣。
6. 較能享受悠閒，生活調適較好，所以生活上的創意也比較高。

因此，家庭和學校要注重喜悅心境的培養。這種心境是從師長的生活情趣中直接吸收得來的，很難從語文解說中學得。不和諧的家庭，父母親長期處於劍拔弩張的狀態，子女就很難養成喜悅的心境；人際關係傾軋、緊張的孩子，也不容易有和氣的態度；長期受到淩虐的人，更會失去歡喜的心情。

人活著最重要的就是歡喜心，有了它就能振作，有了它身心就會健康，它是心靈世界最需要的資源。如果我們把積極勤奮的主動性比喻為太陽，那麼歡喜安定的心情就像大地，所有的才智和經驗便是大地上滋長的萬物。教育工作者必須認清，孩子的心情正是他人生的大地。

人想要追逐權力，是為了它能給自己喜悅，但追逐無度的貪婪，卻令自己盲目的拚下去，永遠沒有知足和喜悅。人想佔有情感，饑渴般地想佔有它，甚至陷入對色情的瘋狂，還是得不到喜悅。人如果能培養喜悅，就不會變成權力獸，變成色情狂，變成無盡的掠奪和殘暴。

情緒教育

如果我們想要締造一個祥和的社會，避免不斷的仇恨和掠奪，就必須重視情緒的教育，陶冶喜悅的心情。這有幾個要點，必須牢牢把握的：

1. 沃壯孩子的信心和自尊，給孩子成功的機會，這是喜悅的泉源。
2. 在生活中分享歡喜的經驗。
3. 給孩子尊嚴與溫暖。
4. 家庭的倫常之樂，是孩子心理健康的根。
5. 在執行家規及校規時，要持平而不冤枉。

我深信每一個孩子都有優點，都應該在日常生活中得到肯定，他的一舉一動，都有光明的亮點，教師要能看出亮點，才能夠糾正孩子的缺點；當大人能欣賞孩子的亮點時，孩子便開始感受到自己是有價值的，這能令孩子振作，引發其光明面，形成生活的優點。而積極健康的自我觀念和自我功能，是從累積許多優點中所建構起來的。

「孩子！你觀察到的正是我忽略的一部分。」

「你的熱忱服務帶給許多人方便。」

「文章裡風景描寫得很生動。」

「我很欣賞你那工整的字。」

「你的手藝很精緻。」

你能看到孩子身上真實而值得讚賞的事，請你用真心的話，誠摯的告訴他，這能建立孩子的信心、信賴和友誼，而且也給了他日後接受你指正時的勇氣。

生活中有許多喜悅的經驗，要記得與孩子分享。父母親要注意在早晨時，與孩子輕鬆地談笑，讓你的喜悅傳遞給孩子，而令他終日歡喜；教師也要在與學生相處中，表現喜悅的心境。請注意！你教給孩子的知識，並不比你教給他好心情來得重要。

「孩子們！嘴饞時喝杯白開水一樣其樂無窮。試試看！」

「請聞聞花兒的清香，請瞧瞧綠葉在陽光下多美呀！」

「你這幅畫我很欣賞，我的家人看了讚不絕口！」

分享生活中的經驗，使人的距離拉近，交談的內容也許是一朵花、一首曲子、一部電影、一本小說、一次旅行的經驗，都能帶來一些欣喜，不過這要把握時間，掌握主題。教師最忌唱獨角戲，出口千言，離題萬里，那就不叫做分享喜悅的生活經驗。

要有機會和孩子談談他們的生活，這使孩子們覺得溫暖；要給孩子機會來幫助你完成教室裡的工作，他會覺得自己能幹而欣喜不已。這是溫暖，也是人的尊嚴。

家庭的倫常之樂，親子之間自然的談笑逗趣，能幫助建立倫理的活潑性和莊嚴之美。一起聽幾則相聲、說說笑料，和嚴肅地告誡生活的基本紀律一樣重要。有喜悅之情的人，才有能力透過倫理去實現幸福的人生。

最後，我要指出，老師應該避免班上成績表現退步而心生不悅。這是一種消極的情結反應，對於孩子或可用生氣而驅動其用功，但顯然不如教導學生要有輸的勇氣，要具備能容忍別人勝過自己的雅量。只有透過接受真實，才能適當有效地鼓勵學生，產生樂觀奮鬥的動機。教育不能只教贏的一面，更要教如何面對輸。因為人生便是要面對許多挫敗，只有輸得起的人，才會贏的漂亮。

接受挫折的能力

接受挫折的容忍力，就是人的豪氣。人注定要不斷接受挑戰，因為生活的情境不停更替，解決問題也不是一蹴可幾，所以越能容忍挫折的人，就越能面對問題，設法解決。教導孩子如何尋覓成功的同時，也要教導他如何承擔挫敗。人應該學會從失敗中記取教訓，從而尋找成功的道路。

讓孩子學習容忍自己的挫敗，而勇於面對它，不逃避、不懼怕，是一項人生重要的課題。人生不如意事十有八九，如果孩子不能面對挫折，而躲躲藏藏地逃避現實，那他將永遠與成功的人生絕緣。

成功是自我實現來的，它與成就不同。成功意指人願意根據自己的資質和條件，好好去發揮，實現自己人生的機會。他是樂於生活，樂於努力，也樂於接納自己的本質的人。至於成就，則是指擁有；人所擁有的財富、地位、頭銜和學歷等，都屬於成就，它是物，而不是自己的本質。這些物應該是自我實現的副產品，而不是自我實現本身。不過，由於名利地位可以透過福蔭、遺產及財富分配的不公而取得，因此我們可以發現，有些有成就的人，並沒有嘗到自我實現的滋味。而至於那些既沒有成就又沒有自我實現的人，那就是生命的悲劇。

教育要教給孩子追尋自我實現之路。因此，如何支持孩子具有積極性和開拓性，與如何培養他的挫折容忍力，幾乎是同時存在的課題。我深信能接納挫折的人，便會愈挫愈勇，永不停止。教育家卡內基即卡內基訓練班的創始人，他是歷史上演講最多的傳奇人物，他的名著《卡內基溝通與人際關係》（龍齡出版）一書，被譯成五十八種文字，現在許多國家都有這種訓練機構。卡內基的成功並不是一蹴而成的，而是歷經許多失敗才逐漸摸索出來的。

他在十八歲那一年，就讀密蘇里州州立大學，發現學校的風雲人物不是明星球員，就是演講比賽的名嘴。他經過一番盤算，想要當一位傑出的演講家，於是努力的練習：在穀倉中練習，在回家途中練習，然而即便準備充分，參加比賽還是失敗而回，這讓他灰心極了，甚至想放棄。不過，他還是練習下去，在失望中堅持下去。他發現好的演講除了要有表達的技巧外，也需要充實的演說內容，要有引人入勝的觀念。他摸索到訣竅後不久，便開始獲勝，這就是他成功的根本原因。

容忍挫折，不斷練習和學習，是克服難題的唯一方法。我們不妨把挫折容忍力叫做毅力，它給人耐力與堅持，在清晨曙光展現之前，你必須接受那段黑暗的煎熬。每一個人都了解毅力的重要，但真正能培養毅力和蓄足耐性的人畢竟不多。雖然老師們經常告誡學生它的重要，在作文課上還要求以毅力為題來作文。但作文歸作文，想歸想，缺乏毅力的人還是很多。

毅力不是每天都需要它，當我們動機強烈、工作順利時，是不需要毅力的，因為它處於順勢，如水之就下，火之就燥，燎然熾烈，沒什麼困難。但在挫敗時，想要繼續下去，那就需要毅力，就需要容忍它對自己所產生的傷感和失望。

失敗與挫折是指一個人在原訂時間，得不到應有的報償，得不到成功。毅力其實就是延緩報償的能力，能及時規劃延後報償的時間，在這段延緩時間裡，重新嘗試，尋找解決的方法，努力去實踐，把計畫完成，從而獲得報償，這就是成功。延續報償成為一個人的毅力，也同時表現出挫折的容忍力。它是走向成功的心理特質，而且是可以透過學習而獲得的寶貴經驗。

容忍力的訓練

父母和教師應關心孩子未來的發展，而不是目光如豆，短淺地只看到現在的學業成績。學校的學業成績只是一個點，要透過它去培養更大的心智成長面，和生活適應的基本能力。挫折容忍力是其中很重要的一環。

要讓孩子發展出好的韌性，具備挫折容忍力，宜把握以下幾個原則：

1. 不要故意給學生挫折。
2. 避免急功近利的態度。
3. 教他延緩報償的技巧。

為了教導孩子學會接納挫折，忍耐挫折，不必刻意給他們挫折的機會，因為挫折的機會實在太多了。在孩子的日常生活中，他們自然會遭遇挫折，不過要注意傾聽他們的沮喪，了解挫敗時的失望，然後鼓勵他們再做嘗試，指導他們克服的方法。

孩子對挫折的基本態度，是從成人世界學來的。如果師長能忍受挫折，願意傾聽並表示了解和耐性，那麼孩子就能發展出穩定的情緒，去面對他們的失敗與挫折。

「不用功！終於嘗到敗績了，你是自食惡果！」

「不聽老人言，吃虧在眼前，我早知道你會有這種下場！」

「這麼一丁點兒事都做不好！你這沒用的東西！」

以上這類言語，無論用在哪一個年齡層的孩子，都是有害無益的，因為它在拒絕失敗、逃避失敗。相對的，失敗本身所蘊涵的許多寶貴啟示，也一起被遺棄，連接受失敗的勇氣也會流失。孩子強烈懼怕失敗，甚至不敢去嘗試新的學習，往往是成人錯誤反應的結果。

每個人與生俱來都會有些自卑，尤其孩子在成長過程中，難免會因為能力不足而遭遇挫折，進而產生發展性自卑。然而這種自卑卻是個人尋求成長、努力突破局限的動力，而後形成超越的動機。這誠如精神分析學家阿德勒（Alfred Adler）所說：「適當的自卑，即是超越的動力。」

不過，如果孩子在成長過程中，一直缺乏成功的經驗，看不出自己的能力、價值和意義，這樣的長期挫敗，將形成一種適應性的自卑，這種自卑會使一個人失去面對挫折的勇氣，他的人生豪氣就會崩塌下來，一蹶不振。

其次是教導延緩報償的技巧。曾有許多父母和我談到，孩子們幾乎沒有延緩報償的能力，一位母親說：

「孩子從學校打電話回來，要我一定在半個小時內把他的作業送到學校，因為今天沒有交作業就要罰做交互蹲跳！」

類似的現象其實很多，有的老師用不及格來威脅學生的違規或失誤，有的老師用當眾羞辱責罰孩子，也有用體罰的方法。這些處置不假思索地被運用，以為那是有效的方法，事實上，這些處罰遠不如教他一些避免再犯的方法來得有效，例如：

「孩子們！忘記帶作業是一種失誤，要學會提醒自己。到老師這裡拿一張黏貼字條，寫下提醒自己明天補交的一句話，貼在最容易看到的地方，明天就不會忘記。」

對學生處罰過重，乍看可以使學生不敢犯錯或不再失誤，但長期下來卻會造成懼怕，失去延緩報償的能力。老師當然可以依規定或事先約定處罰學生，但不能太重，也不能把錯誤當作大逆不道，深惡痛絕，那會造成厭惡學習的後果。

要學生養成「今日事、今日畢」的學習態度是正確的，但也別忘了，我們自己還不是經常處於「今日事，做不完」的真實狀況，所以重要的應該是教孩子在做不完或做不好時，明天能繼續把它完成的持續力和態度。

延緩報償也代表著先苦後樂的意義，孩子必須先學會付出，再獲得報償，這個基本紀律一定要培養起來，否則他的人生就脫離不了失敗的陰影。例如，孩子們先看電視再做功課的習慣那就是錯誤的，這會養成「先享受了再說」的惡習。

照理說，十二、三歲的孩子已經不需要父母親的督促，而能先作功課再看電視或玩樂，但我發現仍有許多孩子做不到，因為他們延緩報償的能力沒有培養起來。國中學生之中，那些蹺課、逃學和逃家的人，大部分是一時念起才這麼做，爾後卻越陷越深，無法延緩自己的欲望和衝動。因此，讓孩子養成先玩再說的惡習，無異是放棄責任，情願墮落，等到事態越來越嚴重時，大多已經太遲了。

心理治療家貝克（M. S. Peck）說：「延緩報償是把生命裡的痛苦與快樂，在時間順序上做一個適當安排，即先面對痛苦與責任，讓痛苦得到解決，而能增進快樂，這是唯一健康的生活方式。」

而急功近利的態度，正是那種想跳過困難和責任，不肯面對痛苦、付出代價，而想直接獲得一時快樂的人。這些人會失去社會責任，失去兢兢業業努力的生活態度。自殺和吸毒，其實也是不肯付出代價的另一種呈現。

培養信心

人的信心越好，挫折容忍力也越高；信心表示對自己的期許有把握，能堅持完成它。信心除了從成功的經驗中培養之外，要重視以下兩點：

1. 充實多方面的能力。
2. 培養勇於嘗試的習慣。

父母和教師必須認清，在生活中培養多方面的能力，遠比在書本中尋找好成績要來得優先。多方面的能力，其實是學業成績的基礎，孩子具備的能力越多，越能觸類旁通，面對人生也越能主動成長。

孩子越少參與親朋好友的送往迎來，就越缺乏人際互動的經驗，對於公開活動自然裹足不前。有些父母親為了讓孩子專心讀書，一律不讓他們參加親友的聚會和婚喪喜慶活動，這對孩子是不利的，因為生活所必須的能力不是只有書本，而是從生活中直接學習來的。

學生在學校裡參與聯課活動和社團活動，有助於生活經驗的累積；鼓勵孩子廣泛閱讀，有助於豐富知識的開展；支持他參與服務工作，能增長其熱心和多方面的能力。人越多經驗和知識，越容易發展解決問題的能力和智慧；人的自我功能是從漸進學習中得來的，是從與別人的互助之中直接學習來的。

良好的自我功能有三個要件，它們是解決問題的能力，好的情緒習慣和毅力，以及接受挫折的容忍力，當三者結合起來時，自信和自尊才能真正建立起來。所以自我功能本身就是自信心的根。

自我功能好，解決問題能力高，那麼承受壓力的能量也大，這樣的人心理比較健康，不易被挫敗擊垮。我希望教師和父母能多鼓勵孩子從各類生活事務中，學習各種能力，建立信心，培養他們的韌性。

其次，孩子需要有機會去做一些嘗試，如果你越不敢讓他嘗試，他就會越缺乏勇氣去承擔。目前有許多孩子只跟電視、電玩和書本在一起，如果父母和教師不多做一些引導，嘗試更多戶外活動及人際互動，那他們就容易產生人際疏離。人際感受能力沒有發展開來，未來的情緒和情感生活，不免要發生困擾。

此外，挫折容忍力與一個人是否能堅持某些倫理觀念有關。倫理已經被現代人視為古董一般，漸漸被遺忘了，但仍有不少心理學家警告父母和教師：要培養倫理的觀念，因為它給我們一套穩定的思維系統和回應方式。就以青少年吸毒而言，第一次嘗試時，都是在面臨挫折而想逃避的狀況下發生的。他們沒有堅持去拒絕它的誘惑，甚至明知故犯，或在半推半就的情況下，淪入毒的魔掌。

倫理道德是精神世界的紀律和價值系統，它是心靈世界很重要的一套軟體，能預防判斷過於離譜，防止自己的迷失。倫理的觀念必須在青少年以前打下基礎，以後才能發展成正確的判斷和獨立思考的能力。哲學家康德（Immanuel Kant）說：「道德是一種至高無上的命令。」

它是由生活中陶冶出來的，家庭、校園和社會都提供了培養道德使命感的素材，但我們的社會在這方面的功能，正在逐漸衰退之中。教師必須在日常事務中，在社會所表現的百態中，在學生的生活教育中，充分活用素材，教導學生道德判斷和行動，這是教師的愛與責任。

給孩子豪氣

青少年正值人生之春的階段，父母與教師應積極為孩子打下未來成長和發展的基礎，培養積極的思想和態度，養成踏實的習慣，能做創意思考，有付諸行動的實踐力，有一顆喜悅的心，能接受挫折的容忍力。如此，孩子才算擁有賴以生存、生活成功的豪氣。

有豪氣的孩子，自然能在挑戰中成長，在挫敗中汲取經驗，轉敗為勝。在人類生活的過程中，真正讓我們成長的環境是挫敗，但唯有克服挫敗，才有成功和歡喜。一個有豪氣的孩子，可預期的是，他必然步向成功的坦途。

有豪氣的人必能建立正確的人生觀，確信自己有能力和智慧解決困難，而不畏懼退縮。一九四四年，麥克阿瑟將軍（Douglas MacArthur）於槍林彈雨中在菲律賓登陸時，他問座機駕駛羅茲上校：

「你怕嗎？」

「我當然怕，你不怕嗎？」

「不怕。」麥帥止步，嚴肅地說：

「上帝給了我一個使命去完成，在未完成前，祂不會把我召去。」

這就是豪氣。每一個人都有他的人生使命，都要去自我實現，但需要有豪氣，形成堅定的信念，化作信仰，在每一個生活層面表現出來，使自己堅強而有智慧，肯努力負責，心智才能不斷成長。

豪氣就像樹木一樣，是從小樹慢慢長大的。在人的成長過程中，生命就是豪氣，豪氣就是生命，它能使你不停地發出新芽而茁壯，將艱難險阻化成智慧和知識。

豪氣確實是人生最重要的精神力，它影響個人前途，左右人的信念，決定其生活品質。擁有一份豪氣，就不怕孩子成績差，因為他畢竟會走出光明的一條路來。

國家圖書館出版品預行編目資料

教師的大愛：發揮有能力的愛，做學子們的貴人／鄭石岩著. --二版. --臺北市：遠流, 2007[民96]
面； 公分. --（大眾心理館鄭石岩作品集. 親職與教育；5）

ISBN 978-957-32-6050-9（平裝）

1. 教育倫理 2. 教師

198.52 96007269